Alfabeto ecológico

Editora Appris Ltda.
2.ª Edição - Copyright© 2023 dos autores
Direitos de Edição Reservados à Editora Appris Ltda.

Nenhuma parte desta obra poderá ser utilizada indevidamente, sem estar de acordo com a Lei nº 9.610/98. Se incorreções forem encontradas, serão de exclusiva responsabilidade de seus organizadores. Foi realizado o Depósito Legal na Fundação Biblioteca Nacional, de acordo com as Leis nos 10.994, de 14/12/2004, e 12.192, de 14/01/2010.

Catalogação na Fonte
Elaborado por: Josefina A. S. Guedes
Bibliotecária CRB 9/870

| L732a
2023 | Lima, Diogenes da Cunha
    Alfabeto ecológico / Diogenes da Cunha Lima, Roberto Lima. - 2. ed. - Curitiba: Appris, 2023.
    222 p. ; 21 cm.

    Inclui referências.
    ISBN 978-65-250-3290-0

    1. Música – Análise e apreciação. 2. Ecologia. I. Lima, Roberto. II. Título.

                                                    CDD – 780.7 |

Appris editora

Editora e Livraria Appris Ltda.
Av. Manoel Ribas, 2265 – Mercês
Curitiba/PR – CEP: 80810-002
Tel. (41) 3156 - 4731
www.editoraappris.com.br

Printed in Brazil
Impresso no Brasil

DIOGENES DA CUNHA LIMA
ROBERTO LIMA

Alfabeto ecológico

Appris
editora

FICHA TÉCNICA

EDITORIAL	Augusto V. de A. Coelho
	Sara C. de Andrade Coelho
COMITÊ EDITORIAL	Marli Caetano
	Andréa Barbosa Gouveia - UFPR
	Edmeire C. Pereira - UFPR
	Iraneide da Silva - UFC
	Jacques de Lima Ferreira - UP
SUPERVISOR DA PRODUÇÃO	Renata Cristina Lopes Miccelli
ASSESSORIA EDITORIAL	Manuella Marquetti
REVISÃO	Ana Lúcia Wehr
PRODUÇÃO EDITORIAL	Raquel Fuchs
DIAGRAMAÇÃO	Bruno Ferreira Nascimento
ILUSTRAÇÕES	Amanda Carreras
CAPA	Daniela Baumguertner
REVISÃO DE PROVA	Bianca Silva Semeguini

Agradecimentos

Externamos profunda gratidão a todos quantos contribuíram para materializar a ideia deste "Alfabeto Ecológico", em especial aos que, mais de perto, participaram com amor da sua arte e elaboração:

- Ao IFRN, cuja Editora produziu a 1ª Edição desta obra e oportunizou a participação do seu Coral Infantil.

- À Profa. Maria de Lourdes Lima de Souza Medeiros e a sua assistente Alba Yung Sook Shin de Souza, pelo dedicado trabalho na preparação e regência do Coral Infantil do IFRN.

- A todas as crianças participantes do Coral Infantil do IFRN e ao Grupo Vocal Eco pelas magníficas interpretações das músicas deste Alfabeto.

- Ao Músico e Técnico de Gravação Eduardo Taufic pela dedicação e competência profissional com que cuidou das gravações do "Alfabeto Ecológico.

- Ao Escritor e poeta Lívio Oliveira pelo seu cativante texto "Natureza de Irmãos de "A" a "Z" constante da segunda orelha deste livro.

- A Toda a equipe Técnica da Editora Appris pela atenção e assistência prestada na editoração dessa obra.

Cidade do Natal em 12 de outubro de 2022.

Diogenes da Cunha Lima e Roberto Lima.

Apresentação

"A" é de Amor

Diz a gramática que "Amor" é substantivo abstrato. Mas amor mesmo pra valer é o que de mais concreto existe em nossa vida... É como o ar, o mar, o céu, os rios, as florestas e todas as coisas belas, sendo, entre todas, o amor a mais bela...

Este "Alfabeto Ecológico" representa, em cada letra, uma singular declaração de amor à natureza. A nossa esperança é que, um dia, essa declaração seja universal, quando todas as nações do mundo, grandes e pequenas, e todos os homens, de boa vontade, compreendam que o amor à natureza é a chave da paz na terra, o nosso belo planeta, a nossa casa comum.

Uma alegria enorme escrever e compor este livro com o poeta Diogenes da Cunha Lima, com o mesmo amor e a mesma simplicidade de mais de 40 anos. Lembro-me bem da arborizada casa da Rua Nascimento de Castro, em Natal, onde, no feliz convívio de Diogenes, Moema e das crianças Diógenes Neto, Leila e Cristine, que ainda se sentava no colo da mãe, cantávamos as primeiras canções deste alfabeto. Lembro-me bem: com o acompanhamento do meu violão, a música do "Macaco" era a maior alegria daquelas crianças de então. Adoravam cantar essa música, com o andamento, cada vez mais, acelerado a cada repetição. Moema era só sorrisos. Diogenes se divertia ouvindo os seus poemas do "Alfabeto" transformados em canções. Era tudo aquilo uma declaração de amor à natureza... E mais de 40 anos lá se vão... Tantos anos depois, essas mesmas músicas fazem a festa dos nossos netos e tantas outras crianças. Agora, o mesmo entusiasmo aflora da alma do poeta, que, aliás, sempre foi entusiasmada, cheia de Deus, pois "entusiasmo" significa exatamente isto: "ter Deus dentro de si"!

Mas vamos falar do livro para os nossos pequenos grandes leitores e para os grandes que se fazem pequeninos porque *esses serão os maiores no Reino dos céus*. Por isso, este livro é destinado igualmente aos arte-educadores que lidam com o ensino da música e ao canto coral infantil. São pessoas especiais, os eternos aprendizes que ensinam o que aprenderam e aprendem mais com o que ensinam.

Temos aqui um Alfabeto Ecológico. "Ecologia" é uma palavra que vem do grego, de *oikós*, que significa "casa", e "logia", "estudo". Casa é onde vivemos e onde vivem todos os outros seres, cada um com seu modo de ser. Ecologia é, portanto, o estudo do ambiente em que todos vivemos. Com o mundo globalizado, vivemos todos no Planeta Terra. A terra é a nossa casa e dela temos é que cuidar!

Neste Alfabeto Ecológico, cada letra inicia o nome de um ser importante entre tantos outros, para a nossa convivência no Planeta. Para cada letra do alfabeto, o poeta Diogenes da Cunha Lima escolheu uma palavra e escreveu um curioso poema. São poemas curtinhos e engraçados. Mas cada um traz uma lição para a gente aprender a ler melhor a natureza... Pois bem, para cada um desses poemas, fiz uma música. Dessa forma, Diogenes e eu, para cada letra, fizemos uma canção. Canção é quando uma melodia canta as palavras, em que as palavras cantadas são também chamadas de letra. Vejam que engraçado!

Mas, à época, o nosso alfabeto contava com 23 letras. Eram, portanto, 23 canções. Agora, são 26! Sabem por quê? Porque o K, o W e o Y foram chamados de volta para o alfabeto da língua portuguesa. Pois bem, o nosso poeta escreveu mais três poemas para essas letras que viraram também letras de três novas canções. Vocês vão ver!

A música também pode ser escrita. Aqui vocês vão encontrar, ao lado de cada poema (a letra), a pauta na qual está escrita a música que, assim, se transforma em uma partitura. A pauta tem cinco linhas e, por isso, se chama também de pentagrama. "Penta", aliás, significa "cinco" (essa é a razão de dizermos que o Brasil é "penta" – é porque é **cinco** vezes campeão mundial de futebol!). Mas voltando à partitura musical, o professor ou a professora de música poderá ler a partitura para vocês, cantando os poemas. Vocês também vão gostar de apontar o seu celular para o *QR code* de cada música e ouvir as belas gravações dessas canções, porque este é também um livro que canta! Não é legal? As músicas têm ritmos diferentes e variados bem de acordo com cada letra: baião, samba, xote, coco, marcha, rock, reggae, valsa e outros mais que fazem parte da nossa cultura musical. Por falar em cultura, é bom lembrar que cultura também faz parte do nosso meio ambiente. O professor ou a professora de música vai explicar tudo isso direitinho...

Este livro tem mais: há uma ilustração bonita para cada letra e poema, feita pela artista plástica (pintora, desenhista, ilustradora e escultora) Amanda Carreras Simões. Vocês vão adorar!

Ainda não é só isso. Depois da letra, da música e da ilustração, há um breve texto que escrevi para subsidiar uma apreciação musical, no qual são apresentados aspectos pertinentes à música e à letra de cada canção, como ritmos ou gênero musical, compassos, tipos de versos, rimas e outros elementos relativos à composição. Esses subsídios se destinam, algumas vezes, mais diretamente ao educador musical e ao regente de coral infantil, para auxiliá-los na introdução de conceitos musicais importantes pertinentes às canções, a partir dos exemplos aqui oferecidos. Além disso, mais um presente para vocês: um pequeno glossário, uma espécie de curioso dicionário escrito pelo poeta Diogenes, no qual, para cada palavra deste Alfabeto, são apresentadas, em breve explanação com enfoque ecológico, curiosidades e informações relacionadas ao significado do termo... São textos deliciosos com sabor de almanaque. Às vezes, um pouco eruditos, é verdade, mas onde as informações e curiosidades fluem por analogias que fazem o pensamento voar!

Que palavras serão essas? Eu já disse, no começo, que "A" é de amor... E "B" é de quê?... Se você quiser saber, pegue o bê-á-bá e leia... Ôpa! Com essa dica, já dá para adivinhar! Não vou falar mais nada para não tirar a surpresa deste "ABC", que era o nome da cartilha na qual os seus avós aprendiam a ler...

Agora é com vocês: leiam, escutem e cantem essa cartilha de amor à natureza!

Natal em uma ensolarada manhã de primavera tropical, em outubro de 2021.

Roberto Lima

Sumário

Capítulo A –
AMOR 15

Capítulo B –
BALEIA 21

Capítulo C –
CAJU 29

Capítulo D –
DUNAS 37

Capítulo E –
EMA 43

Capítulo F –
FOGO 51

Capítulo G –
GAVIÃO 59

Capítulo H –
HOMEM 65

Capítulo I –
ÍNDIO 73

Capítulo J –
JACARÉ 81

Capítulo K –
KIWI 87

Capítulo L –
LONTRA 93

Capítulo M –
MACACO 101

Capítulo N –
NINHO 109

Capítulo O –
ONÇA 117

Capítulo P –
PASSARINHO 125

Capítulo Q – QUATI — 133

Capítulo R – RIO — 141

Capítulo S – SOL — 149

Capítulo T – TAMANDUÁ — 157

Capítulo U – URUBU — 165

Capítulo V – VENTO — 173

Capítulo W – WEB — 181

Capítulo X – XIQUE-XIQUE — 189

Capítulo Y – YES — 197

Capítulo Z – ZABELÊ — 205

A LIÇÃO DO ABC — 213

SIM PRA VOCÊ — 217

Ficha técnica da gravação das músicas do alfabeto ecológico

Alfabeto Ecológico:	Letras – Diogenes da Cunha Lima
	Músicas – Roberto Lima
Poema SIM:	Letra – Clênio Alves Freire
	Música – Roberto Lima
Gravação:	Estúdio Promídia
Arranjos e instrumentação:	Eduardo Taufic
Intérpretes:	Coral Infantil do IFRN
	Roberto Lima
	Roberta Maria
	Alice Carreras
	Cláudio Albuquerque (Grupo Vocal Eco)
	Marcos Rodrigues (Grupo Vocal Eco)
	Norma Morais (Grupo Vocal Eco)
	Rosane Castro (Grupo Vocal Eco)
Regência Coral:	Maria de Lourdes Lima Medeiros
Assistente:	Alba Yung Sook Shin de Souza
Direção Musical:	Roberto Lima de Souza
Produção:	Diogenes da Cunha Lima
Links e *QR Code*:	Pedro Henrique Bastos Lima de Souza
CORAL INFANTIL DO IFRN (Coralistas Participantes da Gravação):	Alice Carreras Simões Bastos Lima de Souza * Aline Cristine Araújo Andrade de Souza * Ana Beatriz Sales Pinto Oliveira * Ana Maria de Fátima Lourenço de Freitas * Ana Sophia da Silva Virgínio Melgão * Ana Stephane Virgínio Melgão * Anair Lourdes Toscano de Farias * Aniele Sara Toscano de Farias * Anna Júlia da Fonseca Francisco * Cauã Gabriel França Souza * Christian Gabriel Ferreira de Souza * Fernanda de Araújo Fernandes * Gilmar Gonçalves da Silva Filho * Guilherme Lucas Teixeira Ataíde * Isabelle Alícia França Souza * Jennifer Raylane Dantas * Joyce Evalin Rodrigues da Costa * Laís Rafaela Soares de Morais * Laíssa Gabriele Soares de Morais * Letícia Naara Santos da Câmara * Maria Júlia de Oliveira Rego * Maria Laura Barbosa da Silva * Maria Letícia Cariello da Rocha Ribeiro * Neyedja Silva Magalhães Porto * Pedro Henrique Berto Nunes * Pollyane Beatriz de Melo Borges Silva * Rian Vitor Alves Campos Bezerra * Sarah Vitória do Nascimento Silva * Veyda Hamardj Vitória de Lima Martins.

Capítulo

"A" é de quê?...

"A" é de Amor...

Amor

Amor ao ar,
Amor à luz do dia,
Amor ao mar,
Amor à alegria...

Amar tudo o que nos faz amar, } bis
Amar coisas naturais...

Letra A - Amor

Observação: Repetir *ad libitum*.

PARA UMA APRECIAÇÃO MUSICAL DA CANÇÃO "A DE AMOR"[1]

"A de Amor" é a bela canção que faz a abertura deste "Alfabeto". Escrita em compasso binário, é um ***allegretto***, bem ao estilo das canções de abertura dos musicais, com um movimento que exprime **alegria**, como diz o termo musical em italiano. A primeira parte canta o amor às maiores grandezas da natureza em nosso planeta: o ar, a luz e o mar. A segunda finaliza a canção com uma declaração de amor à alegria que nos faz "amar tudo o que nos faz amar as coisas naturais", ou seja, tudo que faz parte da própria natureza.

A estrutura poética é composta de uma quadra (estrofe de quatro versos) e de um dístico (estrofe de dois versos). Verso é cada linha rítmica de uma estrofe. Estrofe é o conjunto dos versos reunidos que formam um sentido ou um sentimento poético.

A primeira estrofe tem uma métrica mista. O primeiro e o terceiro versos são tetrassilábicos (de quatro sílabas poéticas), e o terceiro e o quarto, hexassilábicos (de seis sílabas poéticas). As sílabas poéticas só são contadas até a última sílaba tônica de cada verso. O dístico final tem métrica mais livre, mas com sílabas fortes bem-definidas. Toda a estrutura métrica é acompanhada igualmente pela prosódia da melodia em compasso binário. Isso significa dizer que as sílabas fortes e fracas do compasso musical coincidem com as sílabas tônicas e átonas das palavras dentro de cada verso, podendo-se ainda observar que a estrutura métrica mista possibilita mais movimento à prosódia musical.

Quanto às rimas, observa-se que os quatro versos que compõem a primeira estrofe possuem <u>rimas alternadas</u>, em que

---

[1] Muitos dos subsídios aqui postos para uma apreciação musical desta canção são explicitados, objetivando facilitar as abordagens similares das demais canções subsequentes.

o primeiro verso rima com o terceiro, e o segundo com o quarto, no esquema: "ABAB". O dístico final, por sua vez, é composto por dois versos brancos, ou seja, versos que não são rimados.

GLOSSÁRIO: AMOR

Amar é dar à vida a perfeição do poema. Amor é substantivo abstrato, primitivo, de que derivam palavras como "amoroso", "amorzinho" e "amorzão". Amor é o que devemos fazer de concreto com esse sentimento suave e refinado. Todas as definições de amor, por mais belas e perfeitas que sejam, são todas incompletas...

Os amantes tentam sempre transformar os dois que se amam em um só. Amor não é fantasia, mas o amante é criador de fantasias amáveis, imprescindíveis à sua condição. Shakespeare, conhecedor da alma humana, pontifica: "Enquanto houver um louco, um poeta e um amante, haverá sonho, amor e fantasia".

São Paulo, na Segunda Epístola aos Coríntios, nos oferece um verdadeiro poema ao amor. Conclui dizendo que o amor é a maior de todas as virtudes. Maior até mesmo do que a fé e a esperança. É que o amor transcende. É a excelência dos sentimentos humanos. Sem essa transcendência, o amor fica sujeito às contradições humanas, tão belamente traduzidas pelas antíteses e metáforas do célebre soneto de Camões:[2]

"Amor é fogo que arde sem se ver;

É ferida que dói e não se sente;

É um contentamento descontente;

É dor que desatina sem doer".

---

[2] Luís Vaz de Camões, poeta português (1524 – 1580), autor de *Os Lusíadas*.

Capítulo

"B" é de quê?...

"B" é de Baleia...

Baleia

Baleia vive em Bandos,
O maior dos animais,
Bonita que nem os anjos,
O barco a deixa no cais...

— Bichos como a baleia,
Não cacem nunca mais!
— Bichos como a baleia,
Não caçaremos mais!

Letra B - Baleia

Música: Roberto Lima
Letra: Diógenes da Cunha Lima

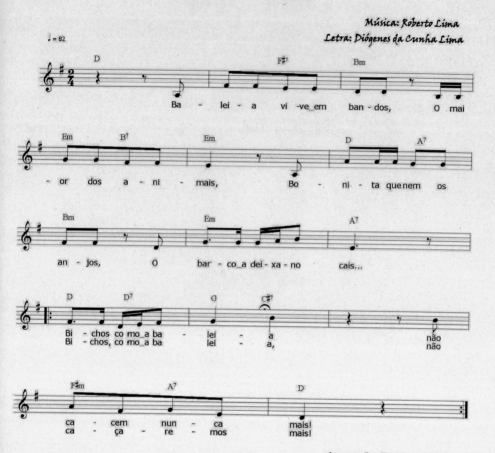

observação: Repetir *ad libitum*.

 Escute a música

PARA UMA APRECIAÇÃO MUSICAL DA CANÇÃO "B DE BALEIA"

"B de Baleia" é uma suave canção de protesto em defesa das baleias. À época em que foi escrita, (pasmem!), caçava-se e vendia-se carne de baleia no Brasil. A melodia e o ritmo, no entanto, são alegres e sensíveis ao mesmo tempo.

A estrutura poética da canção é de três estrofes: uma quadra e dois dísticos. A primeira estrofe apresenta liricamente a baleia que vive em bandos, com uma bela e singular comparação "Bonita que nem os anjos". O verso seguinte já é suavemente trágico: "O barco a deixa no cais. (era o cais do Porto de Cabedelo, na Paraíba, onde as baleias mortas eram deixadas). Os dísticos finais, cantados, estabelecem um emocionante diálogo entre dois coros: 1º coro adulto – "Bichos, como a Baleia, / Não cacem nunca mais!"; 2º coro infantil – "Bichos, como a baleia, / Não caçaremos mais!". Milagre ou não da poesia ou do canto das crianças, algum tempo depois, foi proibida a caça da baleia em toda a costa brasileira.

Quanto à métrica, temos, na primeira estrofe, uma métrica mista: o primeiro verso é de cinco sílabas (redondilha menor), e os demais são de sete sílabas poéticas (redondilha maior). Os dois dísticos finais são todos em versos hexassilábicos (de seis sílabas). Na estrutura de rimas pela posição, temos, na primeira estrofe, rimas alternadas no esquema ABAB. Pelo critério de classificação das rimas pela sonoridade, temos, de um lado, **rimas soantes ou consonantes** (com a mesma sonância), e de outro, **rimas toantes ou assonantes** (quando não há a mesma sonância). As **rimas**

soantes são, portanto, rimas perfeitas, em que, a partir da vogal da sílaba tônica das palavras, há uma coincidência completa de sons vocálicos e consonantais. Exemplo disso é a rima entre "saud**ade**" e "n**ade**" (do verbo nadar). São rimas perfeitas em "ade". Já as **Rimas toantes** são aquelas em que não há, entre as palavras, uma coincidência completa dos sons das vogais e consoantes, mas apenas do som das vogais a partir da sílaba tônica das palavras. Exemplo disso é a rima de "Jurema" com "pena".

Na letra da canção "B de Baleia", a rima entre as palavras "b**andos**" e "**anjos**" é um exemplo de rima toante a partir da vogal nasal "a". Já a rima de "anim**ais**" com "c**ais**" é uma rima soante ou consonante, uma perfeita rima em "**ais**".

GLOSSÁRIO: BALEIA

É um mamífero marinho, cetáceo da família *delphinidae*. Há cerca de 40 espécies de baleias.

O menor mamífero do mundo é o Kitti, espécie de morcego da Tailândia que pesa 2 gramas e chega a medir 3,3 cm. Já a baleia azul chega a pesar 180 toneladas e a medir mais de 30 metros. É o maior animal do planeta. Seu filhote chega a medir 7 metros de comprimento e mama, por dia, "apenas" uma tonelada de leite.

É fundamental o desempenho dessa baleia para o ecossistema marinho. Os seus enormes dejetos, depositados no fundo do oceano, favorecem o desenvolvimento de fitoplanctons, que vão alimentar peixinhos e peixões.

Relata a bíblia que o profeta Jonas passou três dias e três noites na barriga de um grande peixe. A seu pedido, foi lançado ao mar porque não queria chegar a Nínive, para onde lhe enviara o Senhor. Feito isso, foi logo engolido e, depois, vomitado exatamente em uma praia daquela cidade. A uma baleia foi popularmente atribuída essa façanha. Mas baleia não come gente, se alimenta de pequenos peixes e de milimétricos crustáceos, como o krill polar.

Há um poema destinado a crianças que soa como advertência sobre a poluição dos oceanos:

"A baleia engoliu Jonas,
todo mundo sabe disso.
Agora, de vez em quando,
na barriga da baleia
só tem plástico. Que lixo!"

Capítulo

"C" é de quê?...

"C" é de Caju...

Caju

O caju no cajueiro,
Cajueiro em Pirangi...

E o maior cajueiro do mundo, } bis
O maior se encontra ali!

O caju no cajueiro,
Cajueiro em Pirangi...
E o maior cajueiro do mundo, } bis
O maior se encontra ali!

O maior se encontra ali! —

Letra C - Caju

Ritmo: Baião

Letra: Diógenes da Cunha Lima
Música: Roberto Lima

observação: Repetir *ad libitum*.

 Escute a música

PARA UMA APRECIAÇÃO MUSICAL DA CANÇÃO "C DE CAJU"

A canção "C de Caju" é um autêntico baião em escala nordestina. O baião é um gênero de música e uma dança que evoluiu do xaxado rastejado e deu origem, com seu ritmo marcante, ao tipo de dança nordestina. Nesse gênero, os instrumentos mais utilizados são a sanfona, o triângulo, a zabumba e a flauta doce. A música é em compasso binário, com andamento semelhante ao da toada nordestina, porém bem mais acelerado e com tempos fortes bem marcantes. Ouvindo-se a canção, pode-se perceber nitidamente a prosódia musical coincidente com os acentos tônicos das palavras sempre bem marcados. A estrutura de repetição é como se encontra na apresentação da letra.

A letra da canção possui estrutura poética simples. Compõe-se de apenas uma estrofe de quatro versos, com estrutura de rimas alternadas simples, em que apenas o segundo verso rima com o quarto. A estrutura métrica é mista: o primeiro, o segundo e o quarto versos são de sete sílabas (redondilha maior), com acentos fortes na terceira e sétima sílaba. O terceiro verso, diferentemente dos demais, é de nove sílabas poéticas, com acentos tônicos na terceira, sexta e nona sílabas. "E o mai**or** (3ª sílaba) caju**ei**ro (6ª sílaba) do **mun**do" (9ª sílaba), seguido da redondilha maior: "O mai**or** (3° sílaba) se encontra a**li** (7ª sílaba). A redondilha maior é a métrica mais utilizada na literatura de cordel.

O Baião, a partir dos anos 1940, se tornou um gênero nacional, extrapolando as fronteiras nordestinas. As composições de Luiz Gonzaga, o rei do baião, com letras de Humberto

Teixeira, o doutor do baião (era bacharel em Direito), fizeram grande sucesso nacional. "Que nem Jiló" e "Asa Branca", espécie de hino Nacional" do Nordeste, são sempre lembradas.[3]

GLOSSÁRIO: CAJU

É fruta originária do Nordeste brasileiro. A beleza da forma e o sabor peculiar do caju atraíram europeus aqui chegados à época colonial. Durante o domínio holandês em Pernambuco, Maurício de Nassau enviou o doce em compotas para a Europa.

Muito antes do descobrimento do Brasil, o caju já era alimento básico das populações autóctones. Os tupis, que lhe deram nome, lutavam, a cada safra, pela posse dos cajus, contra os tapuias (índios de outras etnias que não falavam a língua tupi). O cauim, sua bebida festiva, era também produzido pela fermentação dos pedúnculos vermelhos e dourados do caju. Até hoje, os cajus são apreciados para a alimentação, tanto o pedúnculo quanto a castanha.

"São tantos cajus", é o que se diz para revelar os anos de idade de pessoas idosas.

Segundo a Embrapa (Empresa Brasileira de Pesquisa Agropecuária), o cajueiro pode atingir até 15 metros de altura, e o diâmetro da sua copa, até 20 metros. Ignorando esses parâmetros oficiais, o Cajueiro de Pirangi, atração turística de Natal, cobre apenas 8 mil metros quadrados. E dizemos "apenas" porque faz anos que as construções praieiras o impedem de continuar crescendo. Sem dúvida,

---

[3] Esse gênero de música, renasce nos grandes festivais de Música Popular Brasileira, como foi o caso da música "Disparada", (Theo Barros e Geraldo Vandré), uma das vencedoras do III Festival da MPB da TV Record, em 1966, interpretada por Jair Rodrigues.

é o maior cajueiro do mundo. Em área coberta, é possivelmente a maior árvore do planeta.

Os cajus encantam a todos no fim de cada ano. Vem daí a inspirada expressão do poeta potiguar Jorge Fernandes: "dezembro de cajuadas". Muito popular é a "quadrinha" do poeta cearense Juvenal Galeno:

"Cajueiro pequenino,

Carregadinho de flor,

À sombra das tuas folhas

Venho cantar meu amor".

Capítulo

"D" é de quê?...

"D" é de Dunas...

Dunas

Desertos ficam
Campos sem ervas...
Pras dunas bonitas,
Faltam reservas...

Desertos ficam
Campos sem ervas...
Pras dunas bonitas, } bis
Faltam reservas... }

Faltam reservas... — 3 vezes

Letra D - Dunas

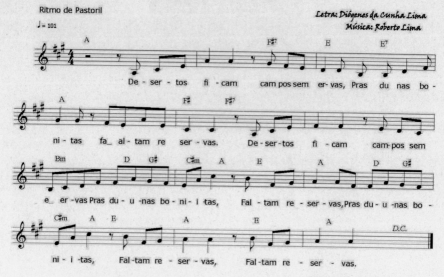

Ritmo de Pastoril
♩ = 101

Letra: Diógenes da Cunha Lima
Música: Roberto Lima

observação: Repetir *ad libitum*.

 Escute a música

PARA UMA APRECIAÇÃO MUSICAL DA CANÇÃO "**D** DE DUNAS"

"D de Dunas" é uma canção com letra de estrutura similar à das cantigas ou jornadas do pastoril, auto popular do ciclo natalino. A música segue bem o ritmo do "pastoril", em compasso binário bem alegre. O pastoril é auto do folclórico de origem portuguesa, apresentado, principalmente, no Nordeste brasileiro. No pastoril, as "pastorinhas" do cordão azul e do cordão encarnado (vermelho) cantam louvores ao Menino Jesus e disputam a simpatia dos presentes pelas cores dos seus cordões. No Rio Grande do Norte, o pastoril é geralmente infantil, apresentado por meninas. Já, em Alagoas, onde o pastoril também é um gênero muito cultivado, as pastorinhas são geralmente moças ou meninas-moças.

A melodia segue a mesma estrutura de repetição do pastoril, como se apesenta na letra do poema. Ouvindo-se a canção, pode-se perceber nitidamente a prosódia musical coincidente com os acentos tônicos das palavras, observando-se ainda os melismas, típicos do pastoril. Melisma é recurso graciosa do canto em que uma sílaba poética é cantada em mais de uma sílaba musical, como ocorre, por exemplo, nos versos "Pras **du-u**-nas bon**i-i**-tas" / Faltam reservas", com variações na repetição. Na apresentação do Pastoril, os instrumentos comumente utilizados são o cavaquinho, o violão, a flauta ou o clarinete e os pandeiros adornados de fitas nas cores dos dois cordões.

Quanto à estrutura poética, temos uma estrofe que é uma quadra com versos, todos de "metro curto" (quatro sílabas poética), à exceção do terceiro verso "Pras **dun**as bon**i**tas" que é. Uma "redondilha menor" (verso de cinco sílabas"). A estrutura de rima é bastante simples. Temos apenas uma rima alternada de "ervas" com "reservas".

GLOSSÁRIO: Dunas

Saint-Exupéry[4], em poucos traços, desenhou dunas para "O Pequeno Príncipe". Eram dunas de areia do deserto, certamente móveis.

Dunas são montanhas de areia criadas pelo vento e pelo mar e podem atingir elevada altura. A mais alta duna encontra-se no Peru, a 2.700 metros acima do nível do mar. Podem ser estacionárias ou migratórias. Nos desertos como o Saara, os dois tipos são frequentes.

As chamadas "dunas verdes", revestidas pela vegetação, são fixas ou estacionárias e, assim, belas e coloridas, enobrecem a paisagem e têm servido de tema para muitos poetas, pintores e escritores.

A costa Leste nordestina tem a maior presença de dunas costeiras. Santa Catarina e Rio Grande do Sul guardam também significativa ocorrência dunar. A lei brasileira protege as dunas em função da sua fauna e flora e quando passível de influenciar o aquífero. O solo desidratado das dunas pode servir de alerta para a fragilidade da vegetação. Assim, as dunas verdes desaparecerão, se não houver medidas adequadas à sua conservação. A desertificação se constitui em ameaça crescente ao Nordeste brasileiro.

Transformadas em parques ecológicos, poderão ter gestão maravilhosa. Da mesma maneira, os proprietários de terrenos dunares têm o dever e a obrigação legal de utilizá-los ecologicamente com atividades em que o uso seja mais favorável à preservação do que o mero abandono.

---

[4] Antoine de Saint-Exupéry (Lyon, 29 de junho de 1900 — Mar Mediterrâneo, 31 de julho de 1944). Famoso escritor francês, autor de um dos livros mais populares em todo o mundo: *O Pequeno Príncipe*.

Capítulo

"E" é de quê?...

"E" é de Ema...

Ema

A ema só pena,
Fugiu do sertão...
— Tem pena da ema?
— Oh! Não, não, não, não!

A ema só pena,
Fugiu do sertão...
— Tem pena da ema?...

— Oh! Não, não, não, não!

Letra E - EMA

Letra: Diógenes da Cunha Lima
Música: Roberto Lima

observação: Repetir *ad libitum*.

 Escute a música

PARA UMA APRECIAÇÃO MUSICAL DA CANÇÃO "E DE EMA"

"E de Ema" é uma canção em compasso ternário e ritmo de "Valsa Jocosa", "engraçada", imitando os passos de uma ema. "Passo da Ema", aliás, é nome de uma coreografia de dança, que inspirou o título de diversas canções do cancioneiro popular brasileiro também em compasso ternário, sem ser necessariamente em ritmo de valsa. Uma característica marcante da valsa jocosa é a forma de catar as palavras, em que trechos da letra são falados em uma sequência rítmica e melódica. É o que podemos apreciar ao ouvir a gravação desta canção. Na repetição do canto, observamos a pergunta: "Tem pena da Ema?" sendo falada, quase cantada na mesma sequência rítmica e melódica. A resposta é dada em tom de lamento: "Oh não! não! não! não!... para enfatizar o contraste que "brinca" com a polissemia (os diferentes ignificados) da palavra "pena"

Quanto à estrutura métrica, a letra da canção é uma quadra com todos os versos em redondilha menor, ou seja, versos de cinco sílabas com acentos tônicos na segunda e quinta sílabas poéticas. As rimas são alternadas no esquema ABAB. Temos aqui uma particularidade que nos possibilita apreciar também as rimas do ponto de vista da sua sonoridade. São as chamadas rimas soantes ou consonantes e as rimas toantes ou assonantes (onde não há a mesma sonância). Na letra da canção "E de Ema", a rima da palavra "p**ena**" com "**ema**" é um exemplo de rima toante ou assonante, a partir da vogal nasal "e". Aqui a coincidência sonora da rima é apenas entre as vogais, a partir da sílaba tônica, com assonância nas consoantes "m" e "n", pois a rima de "ema" com "ena" não é consonante. Por outro lado, a rima de "Sert**ão**" com "n**ão**" é uma rima soante ou consonante, com a mesma sonância, pois temos aqui uma coincidência perfeita de rima em "ão".

GLOSSÁRIO: Ema

A ema tem asas enormes, mas não voa. Que pena! Mas usa as asas para se equilibrar e mudar de direção enquanto corre. Também as usa para mostrar porte maior a seus contendores.

Chega a medir 1,70 metro de comprimento e a pesar 36 quilos. Mesmo assim, é muito menor do que seu parente africano, o avestruz. É a maior ave brasileira e habita também outros países da América do Sul.

É onívora, isto é, come tudo. Não é apenas herbívora nem tampouco apenas carnívora. O seu paladar aprecia tanto frutas e sementes como lagartos e cobras.

O macho da ema é o provedor. É de sua responsabilidade a construção do ninho, chocar os ovos e cuidar dos filhotes.

A ema foi elevada a símbolo do brasão do Rio Grande do Norte durante o domínio dos holandeses. Foi uma homenagem que os invasores prestaram aos índios Januís, que eram seus aliados. A palavra indígena "januís" significa *"pequenas emas"*.

Para tribos tupis, a ema é estelar, representa a galáxia.

Há uma superstição popular de que o canto da ema traz azar. Jackson do Pandeiro[5], em uma das suas músicas, registrou essa superstição. Tomando o canto da ave como um triste sinal, faz uma pergunta aflitiva pergunta:

A ema gemeu no tronco do juremá.

Foi um sinal bem triste, morena,

Fiquei a imaginar

Será que é o nosso amor, morena,

Que vai se acabar?...

---

[5] Jackson do Pandeiro é nome artístico de José Gomes Filho, um dos mais populares compositores do Brasil. É paraibano, nascido em Alagoa Grande, em 31/08/1919. Faleceu em Brasília, em 10/07/1982. Era também cantor, conhecido como "O Rei do Ritmo", autor de inúmeros sucessos como "O Canto da Ema", "Sebastiana", "Forró em Limoeiro", "Forró em Caruaru" e tantos outros.

Capítulo

"F" é de quê?...

"F" é de Fogo...

Fogo

O fogo faz o deserto,
Deixa os animais sem rumo,
Fugir do fogo é incerto.
Da mata, só resta fumo!

— Fugir do fogo é incerto.
Da velha mata, só resta fumo! } bis

Da velha mata, só resta o fumo!....

Letra F - Fogo

Ritmo: Xote

Letra: Diógenes da Cunha Lima
Música: Roberto Lima

observação: Repetir *ad libitum.*

Escute a música

PARA UMA APRECIAÇÃO MUSICAL DA CANÇÃO "F DE FOGO"

A primeira coisa que nos chama a atenção ao ouvir a canção "F de Fogo" é uma introdução um pouco "aflita", como que a imitar a sirene de um carro de bombeiro. É que o fogo é aflitivo mesmo. Até o ritmo da música é um misto de xote e baião. A prosódia segue o ritmo dos versos com variados acentos tônicos, fugindo à métrica tradicional de versos de métrica igual quanto ao número e acentos repetidos. No entanto, a estrutura de repetição dos versos na melodia recupera uma forma de estrofe muito cultivada entre os cantadores nordestinos, que é a preciosa "sétima", uma forma fixa de composição poética popular um pouco difícil de compor, até mesmo pela estruturação das rimas.

A letra da canção "F de Fogo" possui uma estrutura poética simples. Como dissemos antes, temos uma estrofe de sete versos (todos de sete sílabas, exceto o último), obtida por meio do recurso de repetição da frase com alguma variação melódica. Assim, quanto ao número de versos, chegamos a uma estrofe de sete versos, mas sem a estrutura rígida da "sétima" dos nossos cantadores, com as rimas rigorosamente em seus lugares. Trata-se de uma canção simples, com letra despretensiosa do ponto de vista da estrutura poética, mas muito significativa em seu conteúdo no contexto da ecologia e expressiva na linguagem de beleza poética. Quanto às rimas, temos aqui uma única rima alternada de "rumo" com "fumo". Essa rima, no entanto, quanto à qualidade, é uma <u>rima rara</u>, pois rimas perfeitas, consoantes em "umo", não são abundantes.

Acrescentamos aqui que as rimas, quanto à qualidade, podem ser: <u>ricas</u>, <u>pobres</u>, <u>raras</u> e <u>preciosas</u>. Vejamos cada uma delas: a) rimas ricas – são aquelas feitas, em geral, entre palavras de categorias gramaticais diferentes, como "saudade" com "nade", do verbo nadar; b) rimas pobres – entre palavras da mesma categoria, com os mesmos sufixos e terminações morfológicas, como "contemplação" com "inspiração", "cantar" com "falar"; c) rimas raras – aquelas das quais existem poucas, como "cinza" com "ranzinza"; d) preciosas – são rimas construídas sintaticamente, como "estr<u>elas</u>" com "v<u>ê-las</u>" e "Vou entrar no santuário/ Para acender uma l<u>âmpada</u> / Ali, diante da est<u>ampa da</u> / Senhora do Rosário". Esta, preciosíssima.

GLOSSÁRIO: FOGO

"Casa sem fogo é corpo sem alma": isso diz a sabedoria popular. A chama incandescente é símbolo de vida, de purificação e de elevação espiritual.

O domínio do fogo pelo homem e a sua utilização produtiva foram essenciais para o início da civilização. As fogueiras e tochas forneciam calor, luz e proteção. Na Idade da Pedra, o homem já controlava o fogo, e, dessa forma, a cozinha deu o passo decisivo com a sua utilização.

Hoje, com a queima de combustíveis para produzir energia, ocorre a emissão do gás carbônico na atmosfera, que é tida como a causa principal do efeito estufa. Os incêndios podem trazer desastres aos ecossistemas. Muitas vezes, esses são provocados pelo homem, como ocorre na Amazônia, nas atividades agrícolas: mata-se a floresta nativa, a fauna e a flora, para se implantar vegetação exógena. Infelizmente, as queimadas continuam a ser feitas como triste herança primitiva. Parece ser ignorada a advertência do poeta romano Horácio: "Quando a casa do vizinho está pegando fogo, a minha casa está em perigo".

O poeta uruguaio Eduardo Galeano[6], em "Fuegos", faz um paralelo entre tipos de pessoas e de fogos:

"Cada pessoa brilha com luz própria

entre todas as demais.

Não há dois fogos iguais,

Há fogos grandes e fogos pequenos

E fogos de todas as cores

Há gente de fogo sereno

que não se inteira do vento

E há gente de fogo louco

que enche, de chispas, o ar".

---

[6] Eduardo Galeano (1940-2015) foi escritor, jornalista e poeta uruguaio, nascido em Montevidéu, autor do livro *As Veias Abertas da América Latina*, uma obra que exerceu grande influência no pensamento político latino-americano.

Capítulo

"G" é de quê?...

"G" é de Gavião...

Gavião

Gavião é tão guerreiro
Guarda as garras como o gato,
Se há galinha no terreiro,
Gavião leva pro mato!

Gavião é tão guerreiro
Guarda as garras como o gato,
Se há galinha no terreiro?...
— Gavião leva pro mato!

Se há galinha no terreiro?
— Gavião leva pro mato!

Letra G - Gavião

Ritmo: Marchinha
♩ = 113

Letra: Diógenes da Cunha Lima
Música: Roberto Lima

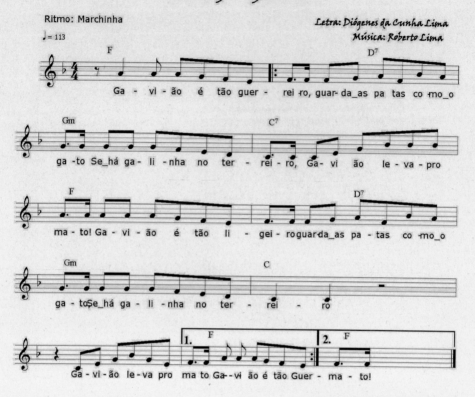

observação: Repetir *ad libitum*.

 Escute a música

PARA UMA APRECIAÇÃO MUSICAL DA CANÇÃO "G DE GAVIÃO"

Eis uma canção de ritmo alegre e divertida: "G de Gavião. Escrita em compasso quaternário, tem originariamente o ritmo de uma ciranda, que é semelhante ao de uma marcha-rancho, mas com andamento um pouco mais alegre. Em alguns compassos, tem-se a impressão de que o cantor "entrou com um pouco de retardo" ou adiantamento. O que ocorre é que o tempo forte começa com um breve tempo de silêncio, o que dá uma graça toda especial ao ritmo. Em outras vezes, o intérprete da canção, pelo contrário, antecipa a nota musical. O que ocorre, neste caso, é uma síncope musical, ou seja, uma figura rítmica que se caracteriza exatamente pela execução de uma nota <u>em um tempo fraco</u>, prolongando-se até o tempo forte que se segue, algumas vezes, já no compasso seguinte

A estrutura poética é basicamente uma quadra em redondilha maior (estrofe de quatro versos de sete sílabas poéticas), com rimas alternadas duplas e sentido completo. Essa forma poética é chamada de Trova, bastante cultivada tanto por poetas populares quanto por poetas mais eruditos, e de um dístico (estrofe de dois versos).

A estrutura de repetição, que caracteriza também o canto das cirandas, é aqui utilizada. Pode-se apreciar, ao se escutar a canção, que, em certos trechos, os tempos de silêncio são graciosamente preenchidos por sons onomatopaicos, imitando o carcarejar de galinhas aflitas tentando fugir das garras do gavião... Essa é uma evocação de uma cena sertaneja que quase não se vê mais hoje em dia!.....

GLOSSÁRIO: Gavião

Gavião é bicho "perigoso" – na música e na imaginação popular. Existem aves de rapina de várias espécies a que o povo chama de gavião. São de médio e pequeno porte, com asas curtas que permitem planar procurando a presa. Habitam cinco continentes. Amestradas, são habilidosas.

O gavião-de-penacho, também conhecido como águia-de-penacho, prefere viver nas florestas. Faz a predação dos mais variados animais, de gambás a iguanas, de quatis a porcos-espinhos. Diferente das outras espécies, não costuma planar. É uma bela ave com topetes com mais de 10 centímetros na cabeça. A fêmea é ainda mais bonita e de maior porte do que o macho.

As crianças do interior do Brasil cantam aconselhando o gavião, com gestual identificador:

Passa, passa gavião

Todo mundo é bom.

Passa, passa gavião

Todo mundo é bom.

As lavadeiras fazem assim

As lavadeiras fazem assim.

Assim, assim, assim, assim.

O perigo da rapina dessas aves é figurativamente transportado para certas formas de relacionamentos humanos. Isso Zeca Pagodinho registra, quando canta:

"Quem tiver mulher bonita,

Esconda do gavião!

Ele tem unha cumprida,

Deixa os maridos na mão."

Capítulo

"H" é de quê?...

"H" é de Homem!

Homem

Homem, viva em harmonia
Com a natureza senhora.
Quanta tristeza no dia
Que o natural for embora!

— Quanta tristeza no dia
Que o natural for embora!...

Letra H - Homem

Ritmo: Folia de Reis

Música: Roberto Lima
Letra: Diógenes da Cunha Lima

observação: Repetir *ad libitum*.

 Escute a música

PARA UMA APRECIAÇÃO MUSICAL DA CANÇÃO "**H** DE HOMEM"

"H de Homem" é uma canção escrita em um compasso composto, chamado de 6/8 (seis por oito). Temos aqui um misto de compasso binário com ternário. Na prática, esse compasso pode ser marcado como um binário, mas, de fato, estamos contando, ao mesmo tempo, em um só compasso, dois pequenos ternários. Esse compasso se presta a diversos ritmos. No caso da canção H de Homem (o ser humano), podemos aqui observar o mesmo ritmo da "Folia de Reis", um ritmo reflexivo, mas muito alegre, com uma melodia de fundo religioso. A folia de Reis, típica do Centro-Sul do Brasil (Minas Gerais, Bahia, Goiás, Rio de Janeiro, Espírito Santo e São Paulo), tem a sua variante no Nordeste do Brasil como "Boi de Reis, mas com ritmos diferentes. Trata-se de uma manifestação folclórica de cunho religioso, do período pós-natalino da festa dos Reis Magos, quando um grupo de cantores com indumentárias próprias, portando bandeiras e instrumentos musicais ornados de fitas, vão cantando de porta em porta, ocasião em que saúdam os donos da casa que os recepcionam. Os instrumentos musicais comumente utilizados são violão, viola, acordeão e pandeiros, complementando-se a percussão com o bumbo.

A letra da canção "H de Homem" faz-nos uma poética exortação, em que a natureza é posta como "a senhora", e não o homem, como senhor da natureza. Vemos isso nos dois primeiros versos: Homem, viva em harmonia / Com a natureza senhora". Segue-se, nos dois versos finais, uma suave e, ao mesmo tempo, forte advertência: "Quanta tristeza no dia / Que o natural for embora!", enfatizando a necessidade do respeito à natureza!

Quanto à estrutura poética, a letra é um exemplo perfeito de uma "Trova": um pequeno poema de forma fixa, composto de quatro versos de sete sílabas (redondilha maior), com rimas alternadas duplas, e um sentido completo.

GLOSSÁRIO: HOMEM

O sentido da vida foi, muitas vezes, tema de Platão. Ele tentou, inclusive, definir o ser humano. Há 2400 anos, um dos discípulos do grande filósofo apresentou essa definição: *Homem é um bípede implume.* E a Grécia inteira repetia. Diógenes, que tudo questionava, depenou uma galinha e mostrou: "Eis aí um bípede implume".

A Bíblia enaltece o ser humano como criado à imagem e semelhança de Deus. Ele fez o homem depois de ter criado a natureza, para que, nela e com ela, o homem vivesse e convivesse em harmonia. Santos e heróis ensinam a harmonia do meio ambiente, de São Francisco de Assis a Henry David Thoreau.[7]

Sófocles (século V a.C.) escreveu a tragédia de maior repercussão da história: "Édipo". Essa narrativa, inclusive, serviu de base para a revolução psicanalítica de Freud.

A esfinge, um monstro às portas de Tebas, devorava quem não soubesse responder ao enigma: *Que animal tem, pela manhã, quatro pernas; ao meio dia, duas e, ao sol poente,*

---

[7] Henry David Thoreau (1817-1862) foi naturalista, pesquisador, historiador, filósofo e poeta transcendentalista norte-americano. *Walden* (vida nos bosques) é o seu livro mais famoso, no qual faz uma reflexão sobre o modo simples de viver e conviver com a natureza.

três? Usando a razão, Édipo calou o monstro, dando a resposta exata: *o ser humano*. Engatinha quando bebê, anda ereto quando cresce e usa uma bengala na velhice.

Há muitas maneiras de distinguir os homens de outros animais. O homem seria o animal racional, ou aquele que ri, ou o que tem consciência da sua existência e da morte e tantas mais. Talvez, a mais adequada distinção seja a de que o homem é aquele que sabe que o Planeta Terra é a nossa única morada, nosso ninho, nossa casa, nosso lar, e que, por isso, convém que cuidemos dela. Com amor.

Capítulo

"I" é de quê?...

"I" é de Índio...

Índio

O índio restou das guerras,
Ama o chão, guarda o seu jeito!
Dos antigos desta terra,
O Brasil tem por direito!

— Guaranis e tupis:
Aimorés, tabajaras,
Tapajós e tamoios,
Carirus, potiguaras...

Letra I - Índio

Letra: Diógenes da Cunha Lima
Música: Roberto Lima

Ritmo: Xaxado

observação: Repetir *ad libitum*.

 Escute a música

PARA UMA APRECIAÇÃO MUSICAL DA CANÇÃO "I DE ÍNDIO"

A melodia da canção "I de Índio" é inspirada no "Tema dos Januís", recolhida por Mário de Andrade no Rio Grande do Norte, em sua excussão pelo Nordeste do Brasil, em torno do ano de 1928. É uma canção escrita em um compasso binário, mas, sobretudo na segunda parte em que a letra enuncia o nome de algumas etnias e tribos do Brasil, temos a sensação não de um tempo forte e um fraco, mas de dois tempos fortes, como se tivéssemos não um compasso binário, mas, por assim dizer, um compasso "unário", 1/4 (um por quatro). Essa tonicidade, bem como o som das flautas do arranjo fazendo variações do tema dos Januís, e a percussão resgatam um pouco da característica da música indígena tão pouco conhecida. A partir do tema dos Januís, tão semelhante ao ritmo do xaxado, arrisco dizer que esse ritmo poder ter origem indígena.

A letra faz uma suave denúncia da grande redução, no Brasil, da população indígena "que restou das guerras"[8]. Além disso, exalta o amor do índio ao seu modo de ser e à terra, destacando o seu direito ao próprio chão.

Quanto à estrutura poética, temos aí duas estrofes. A primeira é composta de quatro versos em redondilha maior (sete sílabas), com destaque para o primeiro "O **ín**dio (2ª) res**tou** (5ª) das **gue**rras" (7ª) que tem um ritmo bem diferente, com acentos fortes na **segunda**, **quinta** e **sétima** sílabas. A redondilha maior com essa acentuação

---

[8] Historicamente, vemos o envolvimento dos índios na época das invasões, no século XVI. No Rio de Janeiro, os Tupis lutaram contra os franceses. No caso do Nordeste, sobretudo durante a invasão holandesa, os tupis foram levados a lutar contra os holandeses em Pernambuco. No Rio Grande do Norte, após a expulsão dos holandeses, os índios Januís foram quase extintos por não terem apoiado os portugueses.

tônica é muito rica ritmicamente para a prosódia musical. A segunda estrofe é uma quadra toda em versos homeométricos (de métrica igual) com seis sílabas poéticas. As rimas são todas intercaladas. Na primeira quadra, são rimas alternadas duplas e, na segunda, rimas alternadas simples.

GLOSSÁRIO: ÍNDIO

A designação de *índio* decorre do engano de Cristóvão Colombo que, ao descobrir a América, supunha estar chegando à Índia.

O índio brasileiro, por seus costumes, poderia ter ensinado ao europeu o viver com alegria, a higiene pessoal, a licença paternidade, a limitação de desejos, não carecer de propriedade[9] privada, a autossuficiência, o sentimento de pertencimento ao seu grupo e, sobretudo, o respeito à natureza e o sentimento da liberdade. Além de tudo, a sua culinária nativa já detinha técnicas de conservação e produção de alimentos.

Calcula-se que haveria entre 3 e 5 milhões de índios no início da colonização do país. Atualmente, ainda existem cerca de 800 mil índios de 305 etnias, falando 274 línguas. Homens de boa vontade tentam preservar as tribos, sobretudo a sua identidade cultural.

A riqueza da diversidade da nossa cultura deve ser preservada e valorizada.

Milton Nascimento, em sua bela interpretação da "Amor de Índio", de Beto Guedes e Ronaldo Bastos, canta e revela um pouco do modo de ser do índio: viver feliz é viver bem cada dia:

"Todo dia é de viver

---

[9] À época do descobrimento, quando a mulher do índio paria, ele, o pai, ficava, por alguns dias, livre do trabalho da pesca e da caça, para poder "curtir" a sua cria. Obviamente, não se falava em "licença paternidade" naquele tempo, mas o nosso índio já tinha essa prática!

Para ser o que for
E ser tudo".

Vale a pena repensar a frase icônica de Oswald de Andrade: "Antes de os portugueses descobrirem o Brasil, o Brasil tinha descoberto a felicidade."

Capítulo

"J" é de quê?...

"J" é de Jacaré...

Jacaré

O jacaré na lagoa
Vive no rio, na areia,
Jacaré é coisa boa
Apesar da cara feia...
Jacaré é coisa boa
Apesar da cara feia!

Letra J - Jacaré

Música: Roberto Lima
Letra: Diógenes da Cunha Lima

observação: Repetir *ad libitum*.

 Escute a música

PARA UMA APRECIAÇÃO MUSICAL DA CANÇÃO "J DE JACARÉ"

A melodia da canção "J de Jacaré" é uma canção jocosa na forma da descrição do jacaré na letra e pela melodia alegre que segue o mesmo espírito da letra e pelo arranjo e interpretação. Escrita em compasso composto 6/8 (seis por oito), um misto de binário com ternário. A marcação, em geral, é apenas no primeiro tempo de cada compasso. No caso da de "J de Jacaré", no entanto, temos duas marcações fortes, fazendo ressaltar "os dois pequenos ternários" do compasso. Isso nos dá a sensação de estarmos cantando uma graciosa valsa jocosa.

A estrutura poética da letra é uma estrofe de quatro versos, com repetição dos dois últimos. Essa repetição é resultante da estrutura melódica que, ao final da estrofe, fica suspensa e se" resolve" na repetição. Esse recurso possibilita uma bela alternância entre dois coros, como ocorre na interpretação, do coro de vozes adultas com o coro de vozes infantis.

Todos os versos são de sete sílabas poéticas (redondilha maior) com rima dupla e sentido completo. Essa é a estrutura da "Trova" que é um poema pequeno de forma fixa. A prosódia musical ressalta a diferença existente entre a acentuação tônica dos dois primeiros versos e a dos últimos. Os dois primeiros versos são acentuados na quarta e na sétima sílabas, o que favorece a sensação de "valsa" na interpretação da canção. Os dois últimos versos são acentuados na terceira e na sétima sílabas, a forma mais usual e de acentuação da redondilha maior.

As rimas, quanto à <u>sonoridade</u>, são classificadas como <u>soantes</u> ou <u>consoantes</u>, com a mesma consonância a partir da vogal da sílaba tônica. Temos, portanto, rimas perfeitas em "oa" (de "lagoa, com "boa") e em "eia" (de "areia" com "feia"). Quanto à qualidade, essas rimas são ricas, pois as palavras "lagoa" e "boa", "areia" e feia", que rimam entre si, pertencem a classes gramaticais diferentes. Nesses casos, são rimas de substantivos som adjetivos em ambos os casos.

GLOSSÁRIO: JACARÉ

O jacaré é o melhor amigo do homem. A afirmação é do humorista Millôr Fernandes, baseada em cálculo e em informação. O jacaré macho tem um verdadeiro harém com mais de 20 fêmeas. Cada fêmea pode produzir 70 ovos de uma vez. Ele calculou que 20 fêmeas põem 1.400 ovos, gerando filhotes. Millôr soube de uma lenda segundo a qual o jacaré macho come todos os filhotes, menos um. Então, se não fosse o jacaré macho, os homens viveriam com jacarés até o pescoço.

O sono do jacaré foi tema de indagação universitária. Sabedor de que o Professor Câmara Cascudo era um grande estudioso do hábito dos animais, um professor norte-americano telegrafou-lhe perguntando se jacaré dorme de noite. Cascudo apenas comentou: "Esse americano pensa que eu sou babá de jacaré..."

Os jacarés amam a limpeza do corpo, vivem dentro d'água. O poeta mineiro Sérgio Capparelli[10], em poema para crianças, verseja:

De manhã até de noite
Jacaré escova os dentes,
Escova com muito zelo
Os do meio e os da frente.

---

[10] Sérgio Capparelli (Uberlândia, 11 de julho de 1947) é um escritor de literatura infanto-juvenil, jornalista e professor universitário, autor de mais de 30 livros publicados, entre os quais *Os meninos da Rua da Praia*, na 36ª edição.

Capítulo

"K" é de quê?...

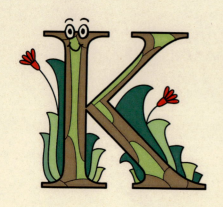

"K" é de Kiwi...

Kiwi

O kiwi, kiwi, kiwi,
O kiwi, kiwi, kiwi
É fruta muito saborosa
Da natureza divina.
Hoje corre o mundo a fora,
Mas foi presente da China!
Hoje corre o mundo a fora,
Mas foi presente da China!
O kiwi, kiwi, kiwi!
O kiwi, kiwi, kiwi!

 Escute a música

observação: Repetir *ad libitum*.

PARA UMA APRECIAÇÃO MUSICAL DA CANÇÃO "**K** DE KIWI"

A melodia e o ritmo da canção "K de Kiwi" seguem um estilo oriental que se revela logo na introdução. O arranjo, inclusive, utiliza uma instrumentação que imita sons orientais. A prosódia segue o ritmo dos versos com variados acentos tônicos, mas os dois primeiros versos adotam uma acentuação silábica, em que cada sílaba corresponde a uma nota, com igual duração de um tempo, parodiando a fonética oriental.

Quanto à estrutura poética, temos uma estrofe inteira de oito versos, contadas as repetições. A letra, portanto, segue uma métrica mista mais livre, com versos com números de sílaba e acentos diferentes, mas que enfatizam o estilo silábico que é bem observado na prosódia musical. As rimas que encontramos são: a) de "sabor**osa**" com "**fora**", que é uma rima toante, isto é, a coincidência sonora é apenas das vogais a partir da sílaba tônica; e b) a rima das palavras "div**ina** com Ch**ina**", uma rima soante ou consonante, quanto à sonoridade, pois há uma perfeita consonância de sons, a partir da vogal da sílaba tônica dessas palavras. Quanto à qualidade, essa última rima é classificada como uma **rima rica**, pois as palavras são de classes gramaticais diferentes, adjetivo com substantivo.

GLOSSÁRIO: KIWI

O nome científico já fala do sabor: *Actinídea Deliciosa*. O Kiwi tem forma oval, pele amarronzada com pelos macios, polpa verde, com pequenas sementes pretas.

A polpa suculenta contém vitamina C, mais do que a laranja, além de potássio, ferro, cálcio e magnésio. A fruta tem a virtude de diminuir o mau colesterol, prevenir gripes e resfriados e contribuir para o equilíbrio da pressão arterial.

Nascido na China, o kiwi ganhou pais amorosos na Nova Zelândia, que lhe deram doce sabor e nome dos adotantes. O termo "Kiwi" é nome do pássaro nativo neozelandês, cuja penugem lembra a pele da fruta, e também designação dos naturais do país.

Em nosso país, igualmente tropical, o kiwi fez, no plantio, parceria com a uva. Não só o solo, mas também o paladar dos brasileiros acolheu bem o recém-chegado.

Por dentro sou verde,

Por fora marrom.

Virtudes? – São muitas,

Pois sou muito bom.

Capítulo

"L" é de quê?...

"L" é de Lontra...

Lontra

Lontra tem pele macia,
Desperta cobiça e grande ambição
E, como dorme de dia,
É a presa mais fácil que existe então.

Só pela sua valia,
Já está chegando à extinção,
Que essa cruel covardia
Não mate a Lontra mais não!

Letra L - Lontra

Ritmo: Rock

Letra: Diógenes da Cunha Lima
Música: Roberto Lima

observação: Repetir *ad libitum*.

Escute a música

PARA UMA APRECIAÇÃO MUSICAL DA CANÇÃO "L DE LONTRA"

Agora chagamos ao rock, o esfuziante ritmo da canção "L de Lontra"! A melodia agradável e assimilável, o ritmo, a instrumentação e os arranjos com as guitarras elétrica fazem-nos mergulhar no mesmo espírito roqueiro envolvente que já é de tantas gerações. Entre tudo isso, cantamos e dançamos, conduzindo a mensagem de preservação dos animais da nossa fauna como a lontra, já quase em extinção. A letra dessa canção é uma delicada denúncia, mas também constatação reflexiva de como, por interesse econômico, o ser humano não satisfeito apenas em contemplar a beleza dos animais, é capaz de se aproveitar até das suas fragilidades para capturá-los e deles tirar proveito pelo seu valor de "mercado".

O rock, como um gênero musical mundialmente conhecido, se originou nos Estados Unidos, a partir da mistura de ritmos desde a *folk music* e *country*, ao jazz e ao *blues*. Bem antes de o estilo se firmar, a partir dos anos 1950, a expressão "rock and roll" já era conhecida. Exemplo disso é o título da canção "Rock and Roll Blues", de Erline Harris[11], de 1949. No Brasil, a explosão do rock foi a partir dos anos 1960.

A estrutura poética da canção "L de Lontra" consiste em uma estrofe de oito versos sem se contar as repetições. A letra possui uma métrica mista, mas de muita sonoridade rítmica, o que possibilita uma movimentada prosódia

---

[11] Erline Harris (1914 – 2004) foi um cantor de blues norte-americano, muito popular sobretudo nas décadas de 1940 e 1950.

musical, tão característica do rock and roll. As rimas são todas "ia" e "ão". Em ambos os casos, temos rimas soantes, perfeitas. Por outro lado, as rimas em "ia" podem ser ricas (no caso de "macia com "dia") e comuns nas demais ocorrências. Já as rimas em "ão" são consideradas <u>pobres</u>, pela abundância de palavras com essa terminação. No entanto, essa é uma rima forte. Em razão disso, esse tipo de rima e comumente empegado por compositores populares como recurso que facilita a memorização das letras.

GLOSSÁRIO: Lontra

Habitante de rios, lagos e do oceano, as lontras escolhem para viver a pureza das águas e não conseguem viver em ambientes poluídos. A lontra é brincalhona e exemplo de amizade. Como os namorados, as lontras costumam viver de mãos dadas. É comum, inclusive, vê-las dormir nessa posição. Crianças dizem que elas são simplesmente "fofas".

São habilíssimas atletas de natação. Utilizam as patas dianteiras e a cauda como impulsoras. São também capazes de utilizar "ferramentas", pedras para quebrar conchas e retirar moluscos.

Gestando por apenas dois meses, a lontra é mãe dedicada. A sua comunicação é feita por meio de assobios e chiados.

Dorme durante o dia, e esse sono diurno facilita a sua captura pelos caçadores. A riqueza de sua pele instiga a ambição humana.

As lontras marinhas vivem ao Norte e ao Leste do Oceano Pacífico. A sua pelagem é a mais densa entre os mamíferos marinhos. Sob a pele, há bolhas de ar que lhes permitem boiar facilmente. A densa pelagem (pode ter 1 milhão de pelos por polegada) as protege do frio extremo.

São utilíssimas ao controle ambiental. É que ouriços do mar destroem florestas de algas marinhas, mas uma lontra consegue alimentar-se de 50 deles por dia.

Das 13 espécies de lontras existentes, apenas as norte-americanas são protegidas devidamente e não correm perigo de extinção.

Vestir-se de lontra deveria ser crime inafiançável.

Capítulo

"M" é de quê?...

"M" é de Macaco...

Macaco

Macaco, macaco
Mora na floresta,
Com muitos macacos,
A mata faz a festa!...

Macaco, macaco
Mora na floresta,
Com muitos macacos,
A mata faz a festa!

Letra M - Macaco

Música: Roberto Lima
Letra: Diógenes da Cunha Lima

Observação: Repetir ad libitum, aumentando-se o andamento a cada repetição.

Escute a música

PARA UMA APRECIAÇÃO MUSICAL DA CANÇÃO "M DE MACACO"

Esta é uma música brincante! A canção "M de Macaco" é uma melodia vestida de alegria, que é de que nos lembramos ao falar do esperto macaco, o animal engraçado das macacadas! O ritmo da canção poderia ser uma marchinha, mas está mais para uma canção "country", como sugere o som do banjo que se escuta no arranjo, mas em um andamento mais acelerado. E é com o andamento que a criançada gosta de brincar, repetindo a canção com o andamento cada vez mais rápido, até onde der. Esse é o desafio da música do macaco: – "Vamos acelerar", diz uma voz em um brevíssimo intervalo. Logo adiante, antes da última repetição, é novamente a voz que diz rapidamente: – "Será que a gente consegue mais rápido?" A gravação reproduz essa brincadeira com os arranjos engraçados, entrecortados de falas e risos gozados. Vale a pena ouvir!

"M de Macaco" tem uma estrutura poética simples, composta de uma quadra, que é bastante repetida. Os três primeiros versos são de cinco sílabas (redondilha menor), e o último, um verso hexassilábico (de seis sílabas). A letra, portanto, é uma estrofe de métrica mista, o que favorece os graciosos movimentos rítmicos.

Na estrutura de rimas, não temos nessa estrofe rimas duplas. A rima simples de "floresta" com "festa", além de ser perfeitamente soante, expressa bem a o propósito brincante e a alegria da canção.

GLOSSÁRIO: Macaco

No reino animal, o macaco tem inteligência comparável ao golfinho, polvo, porco e elefante. A sua semelhança física com o ser humano levou a uma equivocada interpretação dos estudos de Charles Darwin (1809 – 1882), "A Origem das Espécies". Ainda hoje, existe gente que acredita que o homem é descendente do macaco, quando apenas houve alusão a antepassados em comum, há cerca de 6 milhões de anos.

Na Mitologia Grega, Hércules, de natureza humana e divina e detentor de força monumental, prendeu um macaco que, com sua graça e inteligência, conseguiu que o libertasse.

Dentre orangotangos, gorilas, chimpanzés e bonobos, são os estes últimos os ancestrais mais próximo do homem. O seu mapa genético é 98,7% igual ao nosso. Temos também parentesco grande com os chimpanzés. Dizem os pesquisadores que "os bonobos fazem amor e os chimpanzés fazem guerra". Infelizmente, ainda há seres humanos que são mais parecidos com os chimpanzés!

Os macacos são pais e mães exemplares, cuidam melhor dos bebês do que muitos homens e mulheres o fazem, inclusive, em qualidade e quantidade de adoções de órfãos.

O mico-leão-dourado é estrela, mascote da biodiversidade no Brasil. Pela sua simpatia, tornou-se símbolo da luta pela preservação dos animais selvagens.

O surrealismo da imaginação do escritor João Ubaldo Ribeiro[12], em seu "Sargento Getúlio", inspirou a canção do filme:

"No Piauí, no Ceará, nas Alagoa

O macaco avoa

O macaco avoa".

---

[12] João Ubaldo Ribeiro (1941 – 2014) – Escritor brasileiro nascido na Bahia, foi ganhador do Prêmio Camões de 2008. Com algumas obras adaptadas para o cinema e a televisão, é o autor, entre outras obras, do romance *Sargento Getúlio*.

Capítulo

"N" é de quê?...

"N" é de Ninho...

Ninho

Ninho é o lar
Onde nasce o passarinho.
Vamos preservar
Os ovos no ninho!

Vamos preservar
Os ovos no ninho,
O ninho é um lar
Onde nasce o passarinho.

Letra N - Ninho

Observação: Repetir *ad libitum*.

Escute a música

PARA UMA APRECIAÇÃO MUSICAL DA CANÇÃO "N DE NINHO"

Escrita em compasso 2/4 (dois por quatro), ou binário, e em ritmo de marchinha, a canção "N de Ninho" tem uma bela melodia agradável com duas estrofes. Na primeira estrofe, essa melodia fica inconclusa, em suspense, não resolvida, e nos sugere uma repetição. Na segunda estrofe, a mesma melodia é cantada de forma resolutiva.

A letra exprime uma suave exortação a todos nós para respeitar e preservar o ninho, "o lar onde nasce o passarinho". É interessante observar que essa conclamação comum é expressa nas duas estrofes com os mesmos versos, mas em ordem diversa. Em suma, a segunda estrofe é construída a partir da inversão da ordem dos pares de versos da primeira estrofe da seguinte forma: a segunda estrofe começa com os dois versos que finalizam a primeira e termina com os dois versos que a iniciam, simples assim. Vejam a letra da música e constatem.

Vejamos, agora, a estrutura prosódica dos versos: todos os versos são de cinco sílabas, exceto o verso "Onde nasce o passarinho", que é um verso de sete sílabas. Esse verso, na primeira estrofe, ocupa a segunda posição. Já na segunda estrofe, ele ocupa a última posição. Essa inversão acarreta uma variação melódica entre as duas estrofes em razão da mudança de posição de versos com métricas diferentes. Com isso, em vez de termos a melodia da primeira estrofe repetida integralmente na segunda, vamos encontrar aí as necessárias variações prosódicas que enriquecem a música. Além disso, a primeira estrofe não é resolutiva, mas a segunda sim. Dessa forma, fica perfeito concluir a canção com o verso "Onde nasce o passarinho. Tudo isso pode ser observado gradativamente, ouvindo-se a gravação da canção.

Por fim, falemos das rimas: temos rimas em "ar" ("<u>lar</u>" e "preserv**ar**") e em "inho" ("passar**inho**" e "n**inho**"). São todas rimas soantes ou consoantes, ou seja, rimas em que há uma perfeita coincidência de sons a partir da vogal da sílaba tônica.

GLOSSÁRIO: NINHO

Ninho é rima e destino de carinho. Os pássaros usam também as suas próprias penas para adorná-lo e aquecer os filhotes. Prova de amor maior não há, do que retirar parte do seu próprio corpo para servir aos filhos.

O joão-de-barro é um arquiteto do reino animal que projeta a sua casa ecologicamente. Faz uso da eficiência energética no projeto do seu ninho, protege-o da chuva e dos ventos, pelo posicionamento. É tão eficiente o seu trabalho que há a crença de que interferiria nas forças da natureza. Muita gente acredita que onde o joão-de-barro faz seu ninho não cai raio.

A formiga-tecelã australiana utiliza seda pura, produzida por suas larvas e, com folhas especiais, fabrica belas casas-ninhos.

O pássaro-pavilhão é excelente decorador. Adorna a sua casa com flores, folhas e frutas secas.

O cupim-bússola prefere as alturas e controla a temperatura interna das torres que constrói.

As andorinhas, exclusivistas, preferem locais ermos para sua morada. Muitas preferem lugares sagrados, como os campanários das igrejas. Na China, devem ficar tristes, porque lá fazem sopa de ninho de andorinha. Talvez, tentando se redimir, os chineses fizeram, em Pequim, um dos mais belos estádios do mundo: o ninho de pássaro.

Os ninhos de arquitetura harmônica com a natureza são verdadeiras lições de ecologia, de amor à natureza.

Capítulo

"O" é de quê?...

"O" é de Onça...

Onça

A onça tinha
Cara de mau
Mas com as oncinhas,
Mãe sem igual....

A onça tinha
Cara de mau
Mas com as oncinhas,
Mãe sem igual.

Letra O - Onça

Letra: Diógenes da Cunha Lima
Música: Roberto Lima

Observação: Repetir *ad libitum*.

 Escute a música

PARA UMA APRECIAÇÃO MUSICAL DA CANÇÃO "O DE ONÇA"

O compasso binário é muito comum na nossa música, mas é a base de ritmos dos mais variados. É o caso da canção "O de Onça". Escrita em compasso 2/4 (binário), possui o ritmo de xote, que é um ritmo nordestino e muito gauchesco. O xote nordestino tem andamento mais rápido, é mais "quente" e movimentado. O xote gaúcho tem o andamento um pouco mais leve, mas agradavelmente dançante. A melodia preserva na íntegra a estrutura da estrofe que compõe a letra desta canção. A melodia é repetida com variação de terminação: na primeira vez, a melodia não é resolutiva, fica em suspenso para ser resolvida, concluída somente ao final da repetição, o que é muito comum nesse tipo de música. Na letra, a canção destaca o instinto maternal da onça que, como mãe extremada, protege forte e carinhosamente as suas crias.

A estrutura poética da letra é basicamente simples: uma estrofe de quatro versos de metro curto (versos com menos de cinco sílabas), todos tetrassilábicos, ou seja, de quatro sílabas. A acentuação dos versos recai na quarta sílaba poética. Quanto às rimas, é interessante observar aqui que temos apenas rimas toantes, que não são perfeitas, em que a coincidência sonora completa é apenas entre as vogais. Não obstante isso, são rimas graciosas de "t**inha**" com onc**inhas** (rima de singular com plural) e "m**au**" com "ig**al**". Em determinados contextos linguísticos, o "l" final que se segue às vogais "a", "e", "i" e "o" tem som de "u", formando foneticamente um ditongo. Esses tipos de rima caem muito na ambiência popular da canção, pois não deixam de registrar diferenças fonéticas que não podem ser desprezadas, por bastante usuais que são.

GLOSSÁRIO: **ONÇA**

A onça, pelo formato do seu corpo, nos induz ao engano de considerá-la parente mais próxima do tigre do que do leão. Chega a medir 1,80 metro e a pesar 150 quilos. Poucos imaginam que a mordida da onça seja duas vezes mais forte do que a do rei dos animais.

Vários tipos são reconhecidos, como pintada e preta. A suçuarana é também uma de suas espécies entre nós. A pintada é o terceiro maior dos felídeos, perdendo apenas para o tigre e o leão.

A onça da família *felidae*, do gênero *phantera*, é também conhecida como jaguar. Os Astecas transformaram a onça, jaguar, em guerreiro de elite, que tinha o direito de usar vestes de vivas cores e escudo especial.

As onças caçam, de preferência, ao entardecer. Comem as presas disponíveis, como antas, veados, capivaras, peixes, cobras e sapos. Os pequenos jacarés que se cuidem. Ela consegue ficar uma semana sem comer. Só muito raramente o ser humano participa do seu cardápio.

No Brasil, principalmente no Pantanal e na Amazônia, a onça resiste à matança praticada por caçadores e fazendeiros que as acusam de atacar a criação. Isso ocorre devido ao desequilíbrio provocado pela ocupação desordenada dos seus territórios pelos projetos agropecuários, que fazem desaparecer outras espécies de animais da sua cadeia alimentar.

Mas a onça é sempre objeto de histórias, contos, mitos, lendas, nos quais aparece sempre como animal astuto. É também hábil na água. Guimarães Rosa assim descreve:

"Eh! bicho nadador!" (...) "Onça-preta cruza com onça pintada. Elas iam nadando uma por trás da outra, as cabeças de fora, fio das costas de fora"[13].

---

[13] Trecho do conto de João Guimarães Rosa (1908 — 1967). Guimarães Rosa foi um escritor, diplomata, novelista, romancista e contista brasileiro, autor do célebre Grande Sertão: Veredas. O trecho citado é do conto "Meu Tio, o Iauaretê", (1961). O termo "iauratê", empregado aí pelo autor, significa "onça verdadeira" em tupi.

Capítulo

"P" é de quê?...

"P" é de Passarinho...

Passarinho

Passarinho, voa ao léu!
Gaiola que não te prive,
O teu destino é o céu,
O teu destino é ser livre...
Passarinho, voa ao léu!
Passarinho, voa ao léu!
Passarinho, voa ao léu!...

Letra P - Passarinho

Música: Roberto Lima
Letra: Diógenes da Cunha Lima

Observação: Repetir *ad libitum*.

 Escute a música

PARA UMA APRECIAÇÃO MUSICAL DA CANÇÃO "P DE PASSARINHO"

O ritmo incomum, leve e balançado de choro-canção confere uma especial beleza à canção "P de Passarinho", escrita em compasso quaternário (4/4). A bela interpretação apresenta "fermatas" (espécie de parada em uma nota que é alongada) que conferem um encanto particular à melodia. É um repouso. Temos, na letra, uma mensagem de liberdade, que se inicia com o verso que fala da vida livre do passarinho na natureza, onde "voa e ao léu". Esse verso é seguido pela exortativa: "Gaiola que não te prive".

A estrutura poética da letra da canção, sem as repetições, constitui-se de uma quadra, em redondilha maior (versos de sete sílabas poéticas), mas todos com variadas acentuações prosódicas. Esse fato poderia embaralhar a prosódia da canção. Tais variações prosódicas, no entanto, são bem acompanhadas pela melodia, ensejando-lhe, em certas passagens, um estilo quase recitativo, que, pelo contrário, dá ênfase a essas acentuações variadas.

Temos aqui duas rimas, a observar: a primeira de "léu" com "céu", uma rima perfeitamente <u>consoante</u>. A segunda é uma curiosa rima <u>toante</u>, que não é perfeita, mas que nos oferece uma graciosa sonoridade de coincidência de todas as vogais a partir das sílabas tônicas das palavras "pr**ive**" (do verbo privar) e "l**ivre**", (adjetivo). Tudo isso se entoa muito bem na canção.

A canção é concluída com a enfática repetição, por três vezes, do verso que exalta a beleza do voo do passarinho, livre na natureza ao léu...

GLOSSÁRIO: PASSARINHO

Os pássaros são facilmente associados ao azul do céu, ao puro ar, à elegância, à beleza da plumagem e do canto. São a melhor representação da liberdade.

Na história, os pássaros estimularam a imaginação e a criatividade humana. São mistérios celestes. Foram transformados em deuses, serviram de adivinhação do futuro, foram emissários de terra firme na Arca de Noé, identificaram a existência de terra, o Novo Continente. Os homens alertam anjos e demônios, a linguagem dos pássaros anuncia sorte ou agouro. Das asas de Ícaro, ao feito de Santos Dumont, eles foram arquétipos. Os pássaros são também força motriz na criação das Belas Artes.

A avifauna brasileira é rica e diversificada. Os pássaros ocupam mais de 50% dela. São mais de 1700 espécies entre as aves residentes, afora as migratórias. O nosso país tem nome de árvore, mas já foi chamado de Terra dos Papagaios.

Há inúmeras espécies que povoam, principalmente, os ecossistemas da Amazônia, da região do Pantanal, da Mata Atlântica, da Caatinga, do Cerrado e dos manguezais da costa, onde ainda há muito o que os ornitólogos e aficionados possam pesquisar. Ultimamente, tem crescido o turismo de observação. A educação ambiental é essencial e já colhe resultados consideráveis.

Em regiões isoladas deste país, existem espécies endêmicas ainda não classificadas. Um dia, elas serão companheiras dos familiares galo-de-campina, canário-da-terra, papa-capim, curió. "Curió, por sinal, significa, em tupi, "amigo do homem". Na verdade, todo passarinho é amigo do homem, sendo que este não dá o devido valor a essa amizade: muitos pássaros vivem em cativeiro, até mesmo muitas espécies em extinção, como a arara-azul-da-caatinga e a ararajuba que ostenta as cores nacionais!

Capítulo

"Q" é de quê...

"Q" é de Quati...

Quati

Refrão: — Meu quati vivia aqui, } bis
Mas foi-se embora e fiquei só.

Solo 1: — E, pra esquecer do meu quati? } bis
Coro: — Vá jogar seu dominó!

Solo 2: — Mas esquecer do meu quati... } bis
Coro: — É tão triste que faz dó!

Solo 3: — Eu não me esqueço do quati... } bis
Coro: — É por isso que está só!...

Letra Q - Quati

Ritmo: Coco-de-roda

Letra: Diógenes da Cunha Lima
Música: Roberto Lima

 Escute a música

PARA UMA APRECIAÇÃO MUSICAL DA CANÇÃO "Q DE QUATI"

Eis agora uma canção representativa do ritmo de coco: "Q de Quati!" Coco ou coco-de-roda é o nome de um ritmo e de uma dança típica do litoral e do sertão nordestino. O coco tem influência nitidamente africana. É cantado e dançado formando-se uma roda em torno do "tirador do coco", ou "coqueiro", como é chamado o cantor que sola os versos, muitas vezes improvisados, que são repetidos pelos participantes da roda de coco. Algumas vezes, o "coqueiro", em seu solo, interage e dialoga com os participantes da roda que o acompanham. São eles também que se encarregam de cantar os refrões com batidas de palmas bem características e, quase sempre, são acompanhados com instrumentos de percussão como ganzás e zabumbas. Esses refrões curtos são geralmente em dísticos ou quadrinhas com versos de sete ou oito sílabas.

A letra da canção "Q de Quati" exprime o lamento do cantor por ter perdido a companhia do "seu" quati de <u>estimação</u>, que perto dele vivia, livre na natureza: "Meu quati vivia aqui, /mas foi-se embora e fiquei só!" É o que diz o refrão.

A estrutura poética da letra da canção "Q de Quati" é de um canto de repetição. Consiste em quatro dísticos, todos repetidos, o que, na prática, converte as estrofes em quadras. O primeiro dístico constitui o refrão, e os outros três, as estofes do solo que é dialogado. Essa é mais outra característica encontrada em alguns cocos de roda. As rimas são todos oxítonas em "i" (de aqui e quati) e em "ó" (de "s**ó**", "domin**ó**" e d**ó**). Essa tonicidade facilita a passagem de um verso para o outro seguinte, uma vez que tais versos são cantados de forma encadeada e em andamento rápido.

Todas características aqui ressaltadas estão presentes na canção "Q de Quati", preservadas com muita fidelidade, inclusive no cuidadoso arranjo e interpretação, tudo registrado na bela gravação que vale a pena ouvir e apreciar.

GLOSSÁRIO: QUATI

O quati é o selvagem sul-americano que se aninha no tronco das árvores. Tem poderosíssimas garras e dentes. Tem cores degradadas de cinza, castanho, branco e preto. Se provocado, torna-se perigoso.

Todo mundo sabe que o quati é parente do guaxinim, mas é difícil imaginar o seu parentesco com o urso. Seu nome em tupi significa "narigudo". O focinho enorme é móvel e ajuda a fuçar em busca de alimento. Por seu formato engraçado, ele concorre com os ursinhos feitos de pelúcia. É atração turística nas proximidades das cataratas, no Parque Nacional do Iguaçu. Muitas vezes, ataca turistas desavisados.

Dá nome a uma dança popular de roda. O solista fica no meio imitando a corcunda do animal.

No Rio de Janeiro, no tempo em que o Brasil foi Reino Unido a Portugal, havia uma autoridade militar chamada Vidigal. Ele castigava os participantes de roda de samba, candomblé e capoeira. Manoel Antônio de Almeida[14] o

---

[14] Manoel Antônio de Almeida (1830 – 1861) – médico, professor e escritor brasileiro do Rio de janeiro. Em sua vida breve, escreveu além de uma peça para teatro, crônicas e outras. A sua obra mais notória é o romance *Memórias de um sargento de milícias* (1854).

transformou em personagem do seu "Memórias de um Sargento de Milícias", qualificando-o de *perverso* e de ser o terror das classes desprotegidas. A esse respeito, difundiu-se, à época, uma quadrinha popular que dizia:

"Encontrei o Vidigal
Fiquei sem sangue,
Se não sou tão ligeiro,
O quati me lambe."

Capítulo

"R" é de quê?...

"R" é de Rio...

Rio

Rio é do reino da água,
Água é vida do rio,
Mas, se sujarem a água,
O rio morre sombrio...

Viva a vida, viva a água!
Eu quero limpo o meu rio.
Viva a vida, viva a água!
Eu quero limpo o meu rio.

(O meu rio!)

Letra R - Rio

Ritmo: Samba
♩ = 101

Letra: Diógenes da Cunha Lima
Música: Roberto Lima

Ri - o_é do rei - no da á, gua, Á- gua_é a vi - da do ri o, Mas, se su - ja - rem a á gua, O ri - o mor - re som bri o... Vi - va_a vi - da-vi - va á gua! Eu que - ro lim - po_o meu ri o. Vi - va_a vi - da -vi - va á gua! Eu que - ro lim - po_o meu ri - o, o meu ri - o! Eu que - ro lim - po_o meu ri - o

Escute a música

PARA UMA APRECIAÇÃO MUSICAL DA CANÇÃO "R DE RIO"

"Samba"! É no que pensamos ao ouvir a palavra "Rio". Embora não estejamos falando aqui do Rio, a bela cidade maravilhosa, mas do rio, o fluxo de água mais importante da natureza A canção "R de Rio" foi escrita no ritmo de samba – e um samba bem carioca! Em compasso binário, ou 2/4 (dois por quatro), com todas as síncopes e batucada a que tem direito. A melodia é bastante alegre, feliz bonita e cantável.

A letra fala da importância do rio para a vida saudável na natureza: a necessidade de conservá-lo limpo! Vítima da poluição, principalmente os rios que passam em grandes cidades, alguns deles chegam a morrer e tornam impossível a vida em suas águas, pois, afinal, "Água é a vida do rio", canta a letra da canção na primeira estrofe. A segunda é um brado de exaltação à vida e à água "Viva a vida, viva a água!", diz a letra, seguindo-se aí uma exigência cidadã: "Eu quero limpo o meu rio!".

Estruturalmente, a letra consiste dessas duas estrofes: a primeira é uma quadra com uma rima simples de "rio" com "sombrio", uma rima soante ou consoante. A segunda estrofe seria um dístico, mas, devido à repetição dos versos, se converte em uma quadra.

A canção "R de Rio" é um vigoroso samba com interpretação segura em solo de voz feminina, com um coro misto encorpado que, na repetição, nos dá a sensação de ser uma ala de escola de samba a entoá-lo. Instrumentos de sopro dão um toque especial à instrumentação do arranjo. Vale muito a pena ouvir e conferir.

GLOSSÁRIO: RIO

O rio é o mais belo e útil patrimônio natural da humanidade.

Cada homem tem um rio correndo na sua infância. Mais do que o chão, os rios são indissociáveis dos que habitam em suas margens. Eles desenvolvem uma relação afetiva por toda a vida.

Comunidades e cidades são habitualmente formadas à beira rio porque carecem da água doce e também dos peixes, mamíferos aquáticos, répteis, crustáceos e plantas que daí retiram como alimentos.

Os rios resfriam as cidades, servem de via de transporte e de ancoradouro. Confortam as populações ribeirinhas e desenham paisagens com a sua beleza líquida de matizes e cores variadas, O rio dá identidade indelével ao morador de suas margens.

Guimarães Rosa subverte a geografia ao estabelecer, para o seu personagem de "Primeiras Estórias" uma terceira margem do rio.

Para o rio, viver é cair. O fluxo de água ocorre de alto a baixo, desviando obstáculos, geralmente tendo o mar como o seu destino final.

Grande e triste tragédia é a morte de um rio causada por ações humanas que poluem as suas águas. As águas do rio morto seriam lágrimas?... Ultimamente, vem se formando a consciência da necessidade de preservação e revitalização deste ser que é vida e sobrevivência de tantos seres vivos e, entre eles, o próprio homem.

Tolstói afirmou que "Os homens são como os rios". Contudo, o rio não deve ter, como os homens, vida breve.

Capítulo

"S" é de quê?...

"S" é de Sol...

Sol

Deixa o sol entrar
Na tua morada
Que o sol vai deixar
Tua casa encantada. } bis

A vida encantada,
A alma encantada,
Que o sol vai deixar
Tua casa encantada!

Letra S - Sol

Observação: Repetir *ad libitum*.

 Escute a música

PARA UMA APRECIAÇÃO MUSICAL DA CANÇÃO "S DE SOL"

Agora chegou a hora de frevar como se freva ao **sol** quente de Olinda, no mesmo ritmo da canção "S de Sol". Temos aqui uma canção alegre, animada e luminosa como o sol, em compasso binário bem sincopado. Frevo é também a dança que faz o povo dançar, ferver na folia. Aliás, é daí mesmo que vem a palavra "frevo". De ferver! No frevo, não podem faltar os metais, como são chamados instrumentos de sopro que acompanham esse gênero de música. A melodia de "S de Sol" é breve, mas graciosa em suas duas partes A e B, acompanhando a evolução da letra.

A estrutura poética da canção é composta de duas estrofes de quatro versos, todos de cinco sílabas poéticas, à exceção do último "Tua **ca**sa encan**ta**da", que tem acento tônico na terceira e na sexta sílaba. Na primeira estrofe, o verso inicial de cinco sílabas tem uma acentuação tônica peculiar: na primeira e na quinta sílabas, **Dei**xa o sol en**trar**". Essa acentuação da primeira sílaba enseja uma primeira nota mais longa, que começa em contratempo, prolongando-se para o primeiro tempo forte do compasso seguinte, o que é muito peculiar no frevo. Na passagem da primeira para a segunda estrofe, sentimos uma "divisão" mais repousante das notas. É que os três primeiros versos dessa estrofe, além de serem todos de cinco sílabas, todos têm a mesma acentuação tônica na segunda e quinta sílabas, como em "A **vi**da encan**ta**da / a **al**ma encan**ta**da. Tudo isso concorre para uma melodia mais graciosa. Outra observação importante é que, mesmo essa canção sendo um frevo, temos a oportunidade de cantar todas as frases musicais de forma clara e confortável. Isso se deve à técnica de composição de intercalar tempo de silencio entre cada uma das frases musicais.

Por fim, registra-se que todas as rimas são soantes em "ar" (de "entr**ar**" e "deix**ar**") e em "ada" (de Mor**ada** e encant**ada**).

GLOSSÁRIO: SOL

O sol é a fonte da vida, luz, calor e energia. Por tudo isso, a sua majestosa beleza foi objeto de culto de diversas civilizações. Era tido como o deus solar. Os mais evoluídos espiritualmente chegaram a acreditar que esta era apenas uma representação de deus, um outro deus sol invisível, o verdadeiro, de que vemos apenas o seu reflexo. O sol espiritual seria o epicentro de todo o universo. Não seria isso uma declaração simples de Deus?

Nas horas solares, os feitiços, coisas feitas, magia popular e bruxarias não funcionam. A sua eficácia tem o seu ápice à meia-noite. Por outro lado, ao meio-dia, aproveitando o máximo da força solar, é a hora em que os anjos se voltam a cantar.

O sol nascente indica o que está para crescer, como o sol poente, o que está a fenecer.

A ciência humana tem, no sol, a única estrela conhecida na composição, massa, volume e luminosidade. Difícil de acreditar que o sol seja circundado por atmosfera. A cromosfera é transparente ao olhar humano. O visível é a fotosfera, com 330 quilômetros de espessura. O sol é do grupo das estrelas *anãs* e poderá transformar-se em estrela *gigante vermelha*.

Certamente, o sol não é Deus, mas, sendo uma estrela, podemos pensar como Clarice Lispector[15]:

"As estrelas são os olhos de Deus vigiando para que tudo corra bem. Para sempre. E, como se sabe, para sempre não acaba nunca".

A essência está na voz de Caetano Veloso:

"A vida é amiga da arte,

É a parte que o sol me ensinou"...

---

[15] Clarice Lispector (1920-1977) – escritora brasileira nascida na Ucrânia e falecida no Rio de Janeiro. Chegou ao Brasil com a família, em 1921. Autora de vasta obra (romances, contos, crônicas e poesias), sendo a mais conhecida *A hora da estrela* (1977). A frase citada se encontra na obra organizada por Fernando Sabino, *Cartas perto do coração* (2001), publicada pela editora Record.

Capítulo

"T" é de quê?...

"T" é de Tamanduá?...

Tamanduá

O tamanduá
Vai comer formiga,
E, ao agricultor,
Ajudar na vida!

O tamanduá
Vai comer formiga,
E, ao agricultor...
...Ajudar na vida!

Letra T - Tamanduá

Letra: Diógenes da Cunha Lima
Música: Roberto Lima

 Escute a música

PARA UMA APRECIAÇÃO MUSICAL DA CANÇÃO "T DE TAMANDUÁ"

Em "T de Tamanduá", encontramos uma valsinha ligeira com introdução moderna que foge ao estilo tradicional desse gênero de música. É uma canção de letra curta, com música agradável e intuitiva, mas com interessantes variações prosódicas, melódicas e harmônicas. Tudo na maior simplicidade.

Embora seja uma canção de uma única estrofe, melodicamente compõe-se de duas partes: A e B. Temos, pois, a mesma letra cantada com diferenças melódicas e harmônicas que nos fazem sentir as duas partes distintas da canção. Tudo isso proporciona fugir da repetição cansativa, trazendo muita graça com simplicidade.

A parte "A", toda em tom menor, tem uma melodia não resolutiva que se resolve na sua repetição. Essa repetição, cantada com a mesma letra, apresenta uma variação na divisão da prosódia musical. Na primeira vez, os dois versos finais da estrofe "E ao agricultor" Ajudar na vida!" são cantados em duas frases musicais correspondentes[16], em notas musicais mais rápidas (todas em colcheias e semicolcheias). Na segunda vez, temos uma maior duração da nota musical cantada na última sílaba da palavra "agricul**tor**" (uma mínima pontuada), seguida de um tempo de silêncio logo no primeiro tempo do compasso seguinte. É interessante o educador musical fazer as crianças perceberem isso na

---

[16] Aqui o professor pode também introduzir e exemplificar o conceito de frase musical: cada verso da letra (uma frase poética) corresponde a uma frase musical, quando cantado.

análise musical, mostrando que a música é feita também de "silêncios". Aí termina a parte "A".

A parte "B", com a mesma letra da parte "A", é uma melodia com mudança de tonalidade para o relativo maior. Como na parte "A", essa melodia, igualmente não resolutiva, se resolve na repetição. Daí por diante, ocorrem as mesmas variações na divisão da prosódia musical já observadas na parte "A", exatamente nos mesmos dois últimos versos da letra. E aí se encerra a parte "B". Como a música é "curtinha", as partes "A" e "B" são cantadas duas vezes, como podem ser ouvidas na gravação.

A estrutura poética da letra desta canção é simplicíssima: uma quadrinha com versos de cinco sílabas poéticas, com apenas uma rima toante entre as palavras "form**iga**" e "v**ida**". É, pois, uma rima com coincidência de sonoridade apenas entre as vogais, a partir da sílaba tônica das palavras, mas bastante agradável de se ouvir quando entoada a canção.

GLOSSÁRIO: TAMANDUÁ

Tamanduá é um selvagem americano. Quatro espécies vivem no Brasil. Os mais famosos são: o tamanduá-bandeira ou tamanduá-açu e o tamanduá-mirim. Por seu formato e seus hábitos, é um bicho muito esquisito. A sua longa cauda peluda pode servir-lhe de travesseiro para dormir. Come até 20 mil insetos por dia, notadamente formigas e cupins, trazendo grande benefício ao equilíbrio natural.

Só não queira tentar alisar o seu pelo, porque as suas garras parecem ser feitas para dar o famoso abraço de tamanduá.

Uma lenda tupi conta que, após um dilúvio, ocorreu a extinção de todos os animais. O cadguru cré (tamanduá bandeira), que havia também morrido sob as águas, voltou, em espírito, para repovoar a terra de animais, fabricando-os com carvão e cinzas das fogueiras. Depois de fazer cada animal, ensinou o que fazer e o que comer. À onça, ensinou a comer carne e a rugir; ao macaco, a comer banana e a saltar; ao veado, a correr; à preguiça, a ficar quieta; ao tatu, a cavar sua toca... Foi assim que cada bicho aprendeu a comer, lutar e viver.

O cadguru cré, estando já cansado de tanto trabalho e vendo que as fogueiras se acabaram, procurou logo aproveitar o resto de cinza e carvão. Moldou um corpo longo e peludo e afinou tanto a cabeça que ficou pontuda e quase sem lugar para a boca. Ele já pensava em remodelar o bicho, mas acabara a matéria-prima. Assim foi feito o tamanduá, que logo perguntou: – Como vou comer se não tenho dentes? O espírito respondeu: – Isso é problema seu, comerás formigas. O tamanduá viu que era bom e adoçou a língua para atrair as formigas.

Capítulo

"U" é de quê...

"U" é de Urubu...

Urubu

Compadre urubu
É gari sem falha,
Limpando a natureza
Nada o atrapalha...

Compadre urubu
É gari sem falha,
Limpando a natureza
Nada o atrapalha...

Letra U - Urubu

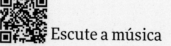 Escute a música

observação: Repetir *ad libitum*.

PARA UMA APRECIAÇÃO MUSICAL DA CANÇÃO "U DE URUBU"

"U de Urubu" bem que poderia ter o título de "Compadre Urubu", nome pelo qual as crianças do coral infantil ficaram chamando esta música. É uma canção em compasso binário moderado, mas o ritmo, em confronto com outras canções de andamento mais rápido, parece até ser meais lenta do que realmente é. A introdução em notas predominantemente de um tempo, com instrumentação bem grave, dá um charme todo especial ao "Compadre Urubu", um "gari sem falha"! A estrutura da letra da música é basicamente composta de uma estofe de quatro versos correspondentes a quatro frases musicais. A estofe é repetida com variações melódicas que conferem à canção um fechamento diferente. Essa estrofe se encerra Após a última estrofe, temos ainda solitário verso com a "famosa" frase: "Compadre urubu!"

A interpretação desta canção está primorosa. A canção é inicialmente cantada na íntegra por uma voz masculina. Temos a seguir a introdução posta agora como "intermezzo, após o que surge uma delicada voz de menina cantando a primeira parte da música que é continuada por um coro misto. Concluída a repetição da música, o arranjo musical instrumental parece iniciar o fechamento da canção, e eis que, inesperadamente, surge a voz infantil que finaliza cantando a frase" Compadre Urubu!". Vale a pena ouvir e apreciar!

Quanto à estrutura poética da letra, como foi dito, temos aqui basicamente uma quadra. São quatro versos de métrica mista que se intercalam com versos de cinco e seis sílabas poéticas. Temos aí uma rima simples, e não dupla. No entanto, essa rima em "alha" é um achado. Quanto à sonoridade, é uma <u>rima soante ou consoante</u>, em que há uma coincidência perfeita dos sons a partir da última vogal da sílaba tônica das palavras "f**alha**" (substantivo) e "atrap<u>alha</u>" (do verbo atrapalhar). Quanto à qualidade, é uma <u>rima rica</u>, pois as palavras que rimam são de classes gramaticais diferentes!

GLOSSÁRIO: U**RUBU**

O urubu não tem merecido os louvores do condor dos <u>Andes</u>, mas, com aquele, tem parentesco muito próximo. O Brasil é rico em tipos de urubus: urubu-rei, da-mata, urubu-preto, urubu-de-cabeça-vermelha e de cabeça-amarela.

Assim como os garis para a população urbana, os urubus são imprescindíveis para a natureza.

Nenhuma ave é mais brasileira do que o urubu. Mas, enquanto o simpático papagaio, que tem as cores do Brasil, atrai a todos por sua graça, o sisudo urubu, negro ou escuro, que é trabalhador vital e tão útil, goza de antipatia generalizada.

O urubu-rei é o maior e mais colorido de todos: predomina o branco, pescoço vermelho ou alaranjado. Chega a medir 1,80 metro a envergadura das asas, pesa, aproximadamente, 3 quilos. Em sendo urubu-rei, reina sobre todos os outros, que, em respeito à hierarquia urubuzal, se afastam da carniça para que ele se banqueteie primeiro. Ao seu bico afiado, nenhum couro de animal em decomposição resiste.

O versátil musical Ney Matogrosso vestiu o urubu de fraque, cartola e calça listrada e tirou sua fama de dançarino:

"O urubu veio de cima

Com fama de dançador

Urubu chegou na sala

Tirou a dama e não dançou

Ora, dança urubu

– Eu não danço, não senhor!"

Capítulo

"V" é de quê?...

"V" é de Vento...

Vento

Vento que espalha sementes
Em brisa mansa e macia,
Traz também força que move
Pra gerar limpa energia!
A natureza agradece,
Agradece a ecologia...

A natureza agradece,
Agradece a ecologia!

Ah! Ah! Ah!
Vento a girar...
Ah! Ah! Ah!
Vento a girar!

 Escute a música

PARA UMA APRECIAÇÃO MUSICAL DA CANÇÃO "V DE VENTO"

A canção "V de Vento" é em compasso ternário ou 3/4 (três por quatro), mas em ritmo de guarânia, mais um ritmo diferente, enriquecendo a diversidade rítmica deste Alfabeto Ecológico. Essa diversidade, aliás, oportuniza ao educador musical difundir a variedade de ritmos da nossa música brasileira. Pois bem, a guarânia, esse ritmo um pouco lento de origem paraguaia, fez muito sucesso no Brasil, com músicas ainda hoje lembradas, como "Índia" (1952). O ritmo da guarânia foi muito cultivado inicialmente na região de Mato Grosso do Sul, onde se instalavam muitos paraguaios e, de lá, se espalhou Brasil afora, a partir do final dos anos 1940, principalmente por intermédio de cantores da música sertaneja. "Cabecinha no Ombro" (1957), "Romaria" (1977), e "Fio de Cabelo" (1982) são exemplos marcantes, entre tantos outros, da presença da guarânia no nosso cancioneiro popular[17]. Pois bem, a canção "V de Vento" conserva o genuíno ritmo de guarânia na dolência do seu andamento, na batida do violão, no jogo de vozes com alternância de coro e solo e modulações harmônicas de tom menor para maior. Tudo isso se pode apreciar ouvindo-se a gravação. Vale a pena!

---

[17] "Índia", com letra de Manuel Otiz Guerrero, música de José Assunción Flores e versão em português de José Fortuna (1923 – 1983), foi lançada, com grande sucesso no Brasil, pela dupla Cascatinha e Inhana (em atividade de 1942 a 1981) e, posteriormente, na voz de muitas gerações de cantores, até Roberto Carlos e Paula Fernandes.
"Cabecinha no Ombro" é de autoria de Paulo Borges. Lançada em 1957, por Almir Gerardi, foi também sucesso na voz de inúmeros intérpretes, inclusive Almir Sater. "Romaria", de Renato Teixeira, foi também gravada por Elis Regina. "Fio de Cabelo", de Chitãozinho e Xororó, foi a grande explosão dos sertanejos.

A estrutura poética coincidente com a estrutura musical consiste, inicialmente, de uma sextilha, estrofe de seis versos, tudo bem ao estilo dos folhetos da literatura de cordel: versos em de sete sílabas poéticas (redondilha maior) e de rimas alternadas simples. As rimas em "ia", do ponto de vista da sonoridade, são todas perfeitamente soantes, ou consoantes, isto é, com a mesma consonância a partir da vogal da sílaba tônica das palavras "mac**ia**", "energ**ia**" e "ecolog**ia**. Segue-se formalmente à sextilha, um dístico que é apenas a repetição dos dois últimos versos da sextilha. Por fim, os versos finais "Ah! ah! ah! / Vento a girar" que lembram, em sua repetição, o benéfico sopro do vento.

GLOSSÁRIO: VENTO

Mesmo invisível, tanto é o vento poderoso que, no passado, era celebrado por muitos povos como um deus. Na Mitologia Grega, Éolo reinava, em todas as direções, sobre outros deuses ou sobre titãs. Podia manifestar-se como Bóreas, o vento Norte; Zéfiro, o Oeste; Éolo, o Leste e Noto, o Sul. Na Índia, no Japão e nos países nórdicos, não foi diferente. O vento, como os deuses irascíveis, interferia no clima e produzia efeitos danosos na natureza: tufões, tornados, furacões, ciclones, tempestades destruidoras.

Os ventos, de fato, movem o mar, modificam o solo, alteram a vida dos homens, animais e plantas, conduzem sementes. São essenciais. No Brasil, temos o privilégio de contar com o vento leste. São os chamados ventos alísios que, hoje, impulsionam aerogeradores, cujas turbinas transformam energia mecânica em energia elétrica, de forma pura, limpa.

A ação da brisa, vento de intensidade moderada, sobre os obstáculos naturais altera a rugosidade da superfície terrestre. Tudo isso é verdade, mas, certamente, é exagero literário os efeitos benéficos do vento celebrados no dizer de um poeta potiguar: "A brisa natalense diminui a agressividade do homem nordestino e impede que as mulheres tenham rugas".

Manoel Bandeira, em poema, convida uma amiga a abandonar o Sudeste, para viver no Nordeste, com uma sugestiva indagação: "– Vamos viver de brisa, Anarina?"

Faz sentido o dizer da canção "Prece ao Vento", assim cantada por Ademilde Fonseca[18]: "Vento que balança as *paia* do coqueiro / vento que encrespa as ondas do mar / vento que assanha os *cabelo* da morena / me traz notícias de lá". A canção de autoria de Fernando Câmara Cascudo, Gilvan Chaves e Alcir Pires Vermelho tem sabor de carícia e poder de comunicação.

---

[18] Ademilde Fonseca Delfino (1921 – 2012) – cantora brasileira nascida no Rio Grande do Norte e falecida no Rio de Janeiro. Foi uma grande interprete dos gêneros choro, samba, samba de breque e também música nordestina. Foi considerada a maior intérprete vocal do choro e, por isso, chamada de "Rainha do Chorinho".

Capítulo

"W" é de quê?...

"W" é de Web...

Web

A web é uma rede
De poder e sinergia!
Pela web, o mundo inteiro
Acessamos todo dia!

Defendendo o que amamos,
Convivendo em sinergia,
Pela web, então, podemos
Defender a ecologia!

Letra W - Web

Ritmo: Rock
♩ = 139

Letra: Diógenes da Cunha Lima
Música: Roberto Lima

A web é uma rede
De poder e de energia!
Pela web o mundo inteiro
Acessamos todo dia,
Defendendo o que amamos,
Convivendo em sinergia...
Pela web então podemos
Defender a ecologia!

Observação: Repetir *ad libitum*.

 Escute a música

PARA UMA APRECIAÇÃO MUSICAL DA CANÇÃO "W DE WEB"

Eis um rock que a criançada canta com muito entusiasmo: "W de Web"! O ritmo é vibrante, e a melodia, alegre e contagiante. Como não poderia deixar de ser, é uma música escrita em compasso binário, gravada pelo afinadíssimo coral infantil do IFRN. Os belos arranjos destacam, na instrumentação, as guitarras que dão um toque especial à canção. O baixo tem um desenho harmônico bem característico dos rocks dançantes, fazendo bem a marcação de empolgantes passos da dança! Como pano de fundo, temos arranjos vocais bem intuitivos, fazendo contracantos que realçam frases como "o mundo inteiro" e cantam empolgantes "oh! yê, yê!...". E tudo isso pode ser apreciado em apenas pouco menos de um minuto e meio de gravação! Vale muito a pena conferir e apreciar a canção "W de Web", tão bem cantada aqui por este belo coral infantil!

A letra da música, constituída de duas estrofes, enfatiza, na primeira, o poder e o alcance da web como rede mundial de conexão entre as pessoas. A segunda estrofe exalta a "internet do bem", em que "defendendo o que amamos" e "convivendo em sinergia", podemos, então, "defender a ecologia". Essa é a estrutura poética da letra da canção "W de Web": duas quadrinhas, com versos de sete sílabas, cujas rimas, pela posição, são intercaladas simples. Quanto à sonoridade, são rimas perfeitamente soantes ou consonantes em "ia" em ambas as estrofes: na primeira, entre as palavras "energia" e "dia; na segunda, a rima é feita da palavra "sinergia" com "ecologia". Essa sonora repetição de rimas claras (em que as vogais são orais e abertas) enriquece a forma poética da letra, tornando os versos mais harmoniosos.

GLOSSÁRIO: WEB

No sentido real, a palavra inglesa "web" significa "teia", "rede". Figurativamente, pode designar "trama", "intriga". Na tecnologia da informação, entende-se o termo como "a rede mundial de computadores". É que usamos "web" para abreviar a famosa sigla "www", que significa *word wide web*, ou seja, "larga/ampla rede mundial".

Tudo começou na década de 1990 com a criação da primeira rede de computadores pelo *Conseil Européen pour la Recherche Nucléaire* (CERN), uma organização europeia para a pesquisa nuclear.

A partir de então, as redes de computador, que eram restritas, foram se ampliando e se popularizaram até formar-se a web, a rede mundial de computadores. A era analógica passou a ser digital. Hoje, até os robôs acessam a web, e é por culpa "deles" que, algumas vezes, ao acessarmos um site, temos que provar que não somos um robô. Para isso, é preciso fazer o reconhecimento de certo objeto, o que, para nós, humanos, é coisa banal, mas que "eles", os robôs, **ainda** não "sabem" fazer.

A web torna íntimo o que é distante, aproxima pessoas, faz menor o planeta e dissemina saberes. Trata da ciência e das artes, do definitivo e do efêmero; das soluções possíveis e do que não se pode solucionar. É remédio eficaz contra a solidão, trazendo uma mudança comportamental que faz desaparecer a nitidez da fronteira entre do virtual e o real.

A utilização da web poderia ser também proclamada pela ONU com um dos Direitos Humanos e, como imaginada pelos seus criadores, deveria voltar a fazer *a intriga* do bem, harmonizando o homem com a natureza.

O poeta Carlos Pena, em uma época em que nem podia pensar nisso, adivinhou o que seria a porta da solidão[19]:

"Lembra-te que afinal te resta a vida

Com tudo que é insolvente e provisório

E de que ainda tens uma saída:

Entrar no acaso e amar o transitório".

---
[19] Calos Pena Filho (1929 – 1960) – advogado, jornalista e poeta brasileiro de Recife, Pernambuco. Trecho do famoso soneta "A Solidão e sua Porta", em *O Tempo da busca* (1952) e *Livro geral* (1959).

Capítulo

"X" é de quê?...

"X" é de Xique-xique

Xique-xique

O xique-xique na seca
Resiste ao tempo nefasto!
O xique-xique na seca
Resiste ao tempo nefasto,
Vai ao fogo, queima o espinho
Amacia e vira pasto...
Vai ao fogo, queima o espinho,
Amacia e vira pasto!

O xique-xique,
O xique-xique, xique-xique, } bis
xique-xique!

Letra X - Xique-xique

Observação: Repetir *ad libitum*.

 Escute a música

PARA UMA APRECIAÇÃO MUSICAL DA CANÇÃO "X DE XIQUE-XIQUE"

Esta é outra canção que as crianças adoram cantar. É uma música de um ritmo animadíssimo: o xerém! É uma variante do baião, mas com andamento bem mais animado. Tem algo também da embolada na estrutura estrófica, mas não é uma música para improviso poético ou cantoria. Tem um ritmo semelhante ao baião, mas com um "balanço" ou um "molejo" que o diferencia. Um exemplo típico desse ritmo é o "Peneira o Xerém", canção mais conhecida como "Penera o Xerém" ou "Penerô Xerém", sucesso de Luíz Gonzaga. Como o baião e o xote nordestino, o xerém é um ritmo pertencente ao gênero de música de forró.

Eu diria, fazendo um paralelo, que o xerém está para o baião, como o maxixe está para o samba. Pois bem, ouvindo-se a gravação da canção "X de Xique-Xique", pode-se observar as características mais acentuadas do ritmo de xerém na parte final da melodia que canta: "O xique-xique, / O xique-xique, xique-xique, / Xique-xique!", com graciosa repetição bem ritmada.

A letra da canção "X de Xique-Xique" estrutura-se em duas estrofes. A primeira é composta de quatro versos de sete sílabas (redondilha maior). A prosódia dos dois primeiros indica acentuação forte na segunda, quarta e sétima silabas poéticas: "O **xi**que-**xi**que na **se**ca / Re**sis**te ao **tem**po ne**fas**to". A prosódia dos dois últimos versos da estrofe apresenta acento forte na terceira e sétima sílabas como: "Vai ao **fo**go, queima o es **pi**-nho," e "Ama**ci**a e vira **pas**to!". Podemos observar, ouvindo a música, que a melodia segue exatamente essa prosódia, ou seja, que todos os acentos fortes da letra correspondem a tempos fortes da música. A parte final da letra é uma estrofe bem onomatopaica que "brinca" com a repetição dos sons da palavra "xique-xique" e com os seguidos acentos fortes das palavras bem marcados.

Nesta letra, a rigor, só encontramos uma rima em "asto" do adjetivo "nefasto" com o substantivo "pasto". Quanto à sonoridade, essa é uma rima consoante, dada a perfeita coincidência de som a partir da vogal da sílaba tônica. Todavia, o principal destaque a fazer é que, embora essa seja a única rima encontrada nesta letra, se trata de uma rima <u>rica</u> e <u>rara</u> quanto à qualidade: rica porque as palavras que rimam são de classes gramaticais diferentes; e rara porque não existem muitas rimas consoantes em "asto".

Todas essas particularidades da canção "X de Xique-xique" podem ser apreciadas ouvindo-se a bonita gravação. Agora é com vocês. Basta apontar o celular para o *QR code* da partitura musical e conferir!

GLOSSÁRIO: XIQUE-XIQUE

É planta cactácea endêmica do semiárido nordestino.

É recurso extremo, em época da seca nordestina, servir os seus galhos à alimentação animal e humana. As suas hastes são longas, quase rasteiras e cobertas por espinhos, que são queimados antes de servirem de alimento. Os frutos têm aparência verde e, por dentro, são avermelhados. De sabor agradável, são consumidos por pássaros e por gente. Das hastes mais novas, faz-se o "assado". Farinha é extraída dos cladódios e, mastigando-se a parte interna, é possível manter-se hidratado. O xique-xique identifica localidades da região, inclusive dá nome a uma cidade baiana.

O seu valor terapêutico na medicina popular é reconhecido e usado como medicação contra inflamações em geral e hidropisia.

O cantor humorístico Genival Lacerda fez sucesso com o sobrenome da moça rica que deixa "ele de olho na butique dela".

"Quem não conhece Severina Xique-xique

Que botou uma boutique para a vida melhorar?!

Pedro Caroço, filho de Zé Vagamela,

Passa o dia na esquina fazendo aceno pra ela.

Ele tá de olho é na boutique dela!

Ele tá de olho é na boutique dela!

Ele tá de olho é na boutique dela!

Ele tá de olho é na boutique dela!"

No Nordeste brasileiro, criou-se um tipo de dança de pares. O chique do forró é dançar Xique-xique.

Capítulo

"Y" é de quê?...

"Y" é de Yes...

Yes

Yes! Pra você que baralha!
Yes! Pra quem ama a beleza!
Yes! Pra você que trabalha
Em favor da natureza!

Pra você que trabalha
Por amor à Natureza!
Oh! Yes!

Letra Y - "Yes"

Ritmo: Reggae

Letra: Diógenes da Cunha Lima
Música: Roberto Lima

Observação: Repetir *ad libitum*.

Escute a música

PARA UMA APRECIAÇÃO MUSICAL DA CANÇÃO "Y DE YES"

Mais um ritmo diferente e empolgante diz presente neste Alfabeto Ecológico! É o **reggae**, ritmo da canção "Y de Yes"! Gênero musical de origem jamaicana, o reggae foi difundido mundialmente graças à popularidade do cantor e guitarrista Bob Marley,[20] por meio de seus shows pela Europa, pelos Estados Unidos e por diversos países, e da venda de milhões de cópias de disco. No Brasil, país também no roteiro de Bob Marley, o reggae só "estourou" mesmo nos anos de 1980 e fez o sucesso de várias bandas, como "Cidade Negra" e "Tribo de Jah", que se firmaram a partir de então. Ainda hoje, o reggae está presente entre nós. São Luís do Maranhão é considerada "a Jamaica Brasileira". Lá, já no início dos anos 1970, o reggae se instalou como se fosse um ritmo nativo. Apreciado por grande parte da população, ainda hoje anima as noitadas em diversos pontos da capital maranhense.

O ritmo de reggae tem como característica marcante uma forma de acentuação forte no tempo fraco do compasso. Os tempos de silêncio da melodia preenchidos pelos sons da batida da guitarra conferem um "agito" todo especial ao reggae. Essa característica se faz presente também na canção "Y de Yes". Merece destaque a bela interpretação com as batidas características da guitarra e os arranjos vocais em contracantos de frases melódicas com a palavra

---

[20] Bob Marley (1945 – 1981) – cantor, compositor e guitarrista jamaicano, é considerado como o maior divulgador do reggae no mundo inteiro, gênero do qual se tornou o maior intérprete e o mais popular de todos os tempos.

"yes!" Tudo isso pode ser apreciado ouvindo-se a gravação. Vale a pena conferir!

A letra da música é uma mensagem de estímulo interativo aos que, por amor, "trabalham em favor da natureza". São versos exclamativos em que a palavra "yes" é símbolo de assertividade! A estrutura poética da letra, sem contar a repetição de dois versos, é constituída basicamente de uma estrofe de quatro versos em redondilha maior (versos de sete sílabas), com rimas alternadas duplas: "batalha" com "trabalha" e "beleza! com "natureza", rimas perfeitas, todas soantes ou consoantes.

GLOSSÁRIO: YES

"Yes" é palavra que entrou com vigor no vocabulário do brasileiro, principalmente a partir da Segunda Guerra Mundial. É um sim incisivo, amplo, de muitos sentidos. Pode significar, por exemplo: "sem dúvida", "é", "de fato", "é verdade", "efetivamente". O Yes, em nosso falar, é parceiro do *all right* e do *ok*.

Abrindo o verão, o poeta bissexto Clenio Alves Freire [21] deu Yes à vida:

> Sim à paz, /Sim ao amor.
>
> Sim à felicidade, / Sim à harmonia...
>
> Sim à simplicidade, / Sim ao calor da vida.
>
> Sim à fraternidade, / Sim à alegria!

---

[21] Clênio Alves Freire (194-) – é economista e poeta bissexto norte-rio-grandense. Escreve poemas para os amigos e só ocasionalmente os publica. O seu poema "Sim" tornou-se a canção "Sim a Você", com música de Roberto Lima, coautor deste "Alfabeto Ecológico". A canção aparece no final do livro, como um *brinde* para o leitor!

Sim ao bem, / Sim ao perdão,
Sim à liberdade, / Sim ao amanhecer...
Sim aos sonhos, Sim aos desejos,
Sim ao mar, /Sim ao verão,
Sim pra você!

O sim é, quase sempre, positivo, bem-humorado, otimista. O seu antônimo mais forte é o cruel *não*, que foi assim descrito, em 1670, pelo padre Vieira[22]:

"Não, palavra dura para quem a ouve e para quem a diz" e ainda: "Terrível palavra é o *non*. Não tem direito nem avesso".

Oh Yes!

---

[22] Pe. Antônio Vieira (1608 – 1697) – orador sacro do Brasil. Embora nascido em Portugal, veio para o Brasil onde se radicou. É considerado o maior escritor barroco no Brasil, sendo os *Sermões* (1692) a sua obra principal.

Capítulo

"Z" é de quê?...

"Z" é de Zabelê...

Zabelê

Zabelê é ave livre,
Vive livre com o herdeiro,
Ela não se reproduz
Se estiver em cativeiro! } bis

Zabelê é ave livre
Como é livre o brasileiro.
Zabelê, zabelê lê!
Zabelê, zabelê lê!...

Letra Z - Zabelê

Observação: Repetir *ad libitum*.

Escute a música

PARA UMA APRECIAÇÃO MUSICAL DA CANÇÃO "Z DE ZABELÊ"

A canção "Z de Zabelê, escrita em compasso binário, é um xote bem nordestino, de andamento mais rápido e melodia bastante alegre. O que nos chama a atenção, logo ao início da gravação, é ouvir o melancólico canto da ave, contrastando o violão com as batidas características do xote mais moderno, preparando a entrada da melodiosa introdução, servindo-lhe de harmonioso e ritmado acompanhamento.

A letra da canção "Z de Zabelê", na primeira estrofe, apresenta a ave a tal ponto como amante da liberdade que não é capaz de se reproduzir em cativeiro. Na segunda estrofe, encontramos a curiosa comparação "Zabelê é ave livre" / como é livre o brasileiro!" Segue-se o interessante jogo de sons com a palavra "Zabelê", em que a repetição de sílabas nos leva, no ritmo da melodia cantada, a perceber a formação da palavra "beleza" pela junção das sílabas repetidas. Veja-se o destaque em negrito: "Zá´-**be-lê za**-be-le-lê! / "Zá´-**be-lê za**-be-le-lê!

Z de Zabelê" é uma canção de estrutura poética simples. Compõe-se de duas quadras, ambas com versos em redondilha maior, de sete sílabas, de grande sonoridade. Todos com acentuação prosódica na 3º e 7ª sílabas poéticas como em "Zabe**lê** é ave **li**vre", onde as sílabas "**lê**" de "zabe**lê**" e "**li**" de "**li**vre, estão respectivamente a 3ª e 7º sílabas do verso. Vocês podem agora fazer o exercício de verificar se, nos demais versos desta canção, acontece a mesma coisa.

Tentem! É um bom exercício rítmico. As rimas são todas intercaladas simples em "**eiro**: "herd**eiro**" com "cativ**eiro**" e ainda a palavra "brasil**eiro**" da segunda estrofe. Vocês conhecem outras palavras com essa mesma rima em "eiro". É uma rima muito comum. Muitos nomes de árvores, de profissões, por exemplo, possuem essa mesma terminação. Tentem lembrar! Os demais versos que não possuem rima, são chamados de versos brancos, lembram?

Finalmente, na última estrofe, é onde encontramos jogo de sonoridade poética com a palavra "Zabelê", que, repetida sucessivamente, forma também a palavra "beleza". Façam esse exercício: Repitam sucessivamente a palavra "zabelê" e percebam e descubram a "beleza" que vocês dizem! Cantando, vai ficar mais bonito ainda! Bom trabalho para vocês!

GLOSSÁRIO: **ZABELÊ**

Zambelê, também chamada de zebelê, é uma ave brasileira, uma subespécie do jaó-do-litoral. A zabelê entrou neste Alfabeto para dizer que está em extinção. Quem sabe se não é por isso que o seu canto é triste!? É um piado alongado e suspiroso. Bem mais triste que o canto do sabiá.

Uma explicação para a tristeza do seu canto é dada por uma lenda nascida no Piauí. Em relato que lembra os amores de Romeu e Julieta. As tribos dos índios Amanajós e Pimenteiras eram inimigas, mas, mesmo assim, zabelê, filha do chefe dos Amanajós, se apaixonou por Metara, um jovem da tribo inimiga. Ciumento, Mandahú denunciou o esconderijo dos amantes, o que ocasionou a guerra tribal e a morte dos amantes. Tupã se penalizou, transformando o casal em Zambelês e o denunciante, em gato maracajá cobiçado por caçadores de pele. Vem daí a tristeza do canto que relembra o passado de amor.

Esta ave parece também ter essa índole de liberdade do brasileiro: não consegue reproduzir-se em cativeiro.

Gilberto Gil canta a letra de Torquato Neto:
"Minha sabiá,
Minha zabelê,
Toda meia-noite eu sonho com você
Se você duvida, eu vou sonhar pra você ver.
Minha sabiá
Vem me dizer, por favor
O quanto que eu devo amar
Pra nunca morrer de amor..."

A lição do ABC

Roberto Lima

Cada letra é uma lição
De esperança, amor e fé!
Guarde a letra da canção,
Lembre a letra de que é:

A letra **A** é de **AMOR**,
O **B**, de **BALEIA** azul
O **C**, da fruta nativa
Que se chama de **CAJU**,
O **D** é de **DUNAS** verdes
Que vão do Nordeste ao Sul.

O **E**, de **EMA**, esta ave
Que *Fugiu do* meu *sertão*"
A letra **F** é de **FOGO**,
Letra **G**, de **GAVIÃO**.
H é mesmo de **HOMEM**,
O **I**, do **ÍNDIO**, da terra,
Primeiro nesta nação.

O **J** é de <u>**JACARÉ**</u>,
O **K**, do doce **KIWÍ**,
<u>**L**</u> é de **LONTRA** macia,
Que também havia aqui.

O **M** foi pro **MACACO**,
O **N** é mesmo de **NINHO**.
<u>**O**</u> é de **ONÇA**, que ruge
O <u>**P**</u> é de **PASSARINHO**.

O **Q** foi para o **QUATI**,
Que não é mais meu vizinho,
O <u>**R**</u> é de **RIO** amigo
E o "**S**", de **SOL** quentinho.

"**T**" é de **TAMANDUÁ**,
A letra "**U**", de **URUBU**,
Que tem limpeza a fazer,
"**V**" é de **VENTO**, que sopra
Dando energia a valer.
"**W**" é de **WEB**, em que um clique
Traz o mundo até você;
O "**X**" é de **XIQUE-XIQUE**,
O "**Y**", de **YES**, bem chique,
E o "**Z**" é de **ZABELÊ**!

214

Agora você já sabe
Que, com **AMOR**, a gente lê
O livro da natureza
Com as letras deste **ABC**!...
Dizendo sim ao amor,
O amor diz **SIM PRA VOCÊ**!

Sim pra você

Letra: Clênio Alves
Música: Roberto Lima

Sim à paz,
Sim ao amor.
Sim à felicidade
Sim à harmonia...
Sim à simplicidade,
Sim ao calor da vida.
Sim à fraternidade,
Sim à alegria!
Sim ao bem,
Sim ao perdão,
Sim à liberdade,
Sim ao amanhecer...
Sim aos sonhos.
Sim aos desejos,
Sim ao mar,
Sim ao verão,
Sim pra você!

SIM PRA VOCÊ

Letra: Clênio Alves
Música Roberto Lima

PARA UMA APRECIAÇÃO MUSICAL DA CANÇÃO "SIM PRA VOCÊ"

A canção "Sim pra Você" é uma sequência ascendente da melodia que acompanha o maravilhoso desfile crescente de valores que fazem parte da cultura humana. A todos esses valores, dizemos sim. O ponto alto é verso final da letra com o "sim pra você", que guarda, no seu coração, todos esses valores como ser integrante dessa natureza que é a nossa própria vida!

Para cantar tudo isso, nada melhor do que o ritmo que é símbolo maior da nossa cultura brasileira e que representa toda a diversidade de ritmos com as mais variadas influências e contribuições que forjaram a nossa cultura: o samba! O samba, que trazemos aqui, é do gênero "samba-bossa". Segue a tendência da "bossa nova": um samba leve, **que comporta uma** batida característica e harmonia com alguns acordes dissonantes.

Na gravação que apresentamos aqui, essa canção, no melhor estilo de samba brasileiro, é interpretada, com naturalidade, por Roberto Lima e Roberta Maria com arranjos que contracantam com as vozes, uma diversidade de timbres de instrumentos de sopro e uma percussão que confere personalidade ao ritmo. Tudo isso vale a pena ser ouvido e apreciado. Confiram!

A canção "Sim pra Você" tem uma letra que é a assertividade a todos esses valores e sentimentos que fazem parte da beleza que tem a natureza humana: A paz, o amor, a felicidade, a harmonia, a simplicidade, a vida, a fraternidade, a alegria, o bem, o perdão, a liberdade, o amanhecer, os sonhos, os desejos, o mar, o verão e tantos outros bens, valores e sentimentos humanos que ficam subentendidos e que devemos amar, cuidar e cultivar. Aliás, é bom que se diga e se repita: cultivar valores é o que faz a nossa cultura! Entende-se, assim, que a cultura faz parte do nosso meio ambiente humano! Esta canção, portanto, tem tudo a ver com o nosso Alfabeto Ecológico, que canta os valores da natureza e de que todos nós também somos parte!